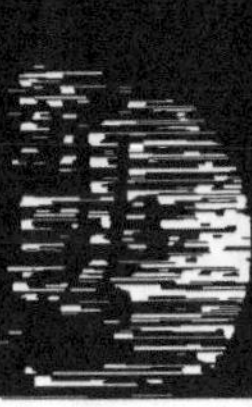

HISTORIQUE

DU 3ᵉ BATAILLON.

NEVERS. — IMPRIMERIE DE S. GOURDET,

2, PLACE DE LA CITÉ, 2.

HISTORIQUE

DU 3ᵉ BATAILLON

PAR

LE DOCTEUR H. DEZAUTIÈRE

CHIRURGIEN AU 3ᵉ BATAILLON

NEVERS,

S. GOURDET, IMPRIMEUR-ÉDITEUR,

1871.

AVANT-PROPOS.

Depuis le retour de cette si malheureuse campagne
et le renvoi des *Gardes mobiles de la Nièvre* dans
leurs foyers, j'ai souvent entendu exprimer le désir
par mes camarades, de voir reproduit le récit de
leur marche, de leurs fatigues, de leurs misères le
plus souvent, mais toujours de leur ardente vo-
lonté d'accomplir leur devoir jusqu'à la dernière ex-
trémité pour la défense de la patrie.

Chirurgien du 3e bataillon, qui, plus que moi, a
pu être témoin de leur abnégation et de leur patriotisme? J'en ai vu qui, l'épaule traversée d'une balle,
faisaient des efforts pour s'échapper de mes mains et
retourner au combat. J'en soigne encore un qui, à
Orléans, se défendait seul contre une bande de Bavarois acharnés, qui lui avaient abattu le bras droit,
haché la tête et la main gauche à coups de sabre. Il
faudrait une plume plus autorisée que la mienne pour
écrire de tels faits. J'espère qu'elle se trouvera,

En attendant, je livre à la publicité le récit simple de la marche du 3e bataillon : ce sont les notes écrites jour par jour sur mon carnet de voyage; je les ai envoyées à l'imprimerie sans autre prétention que celle d'une exactitude rigoureuse.

Je me suis pourtant laissé aller, dans de rares circonstances, à ajouter quelques petites descriptions des localités traversées avec appréciations toutes personnelles. Il convient de faire remarquer que ces descriptions, faites au vol, d'endroits où, le plus souvent, nous étions poursuivis par l'ennemi, et où nous nous arrêtions seulement le temps nécessaire à notre repas, doivent être assez sèches; elles le sont en effet, j'en conviens, je l'avoue.

Mais les soldats du 3e bataillon qui liront ces notes se rappelleront avec plaisir, j'en suis convaincu, malgré leur sécheresse, les pays parcourus, les événements qui s'y rapportent, la part qu'ils y ont prise.

Si ce récit peut les intéresser, c'est la seule récompense qu'ambitionne l'auteur

Dr H. D.

HISTORIQUE

DU 3ᵉ BATAILLON.

PREMIÈRE PARTIE

CAMPAGNES DANS LE CENTRE.

LA Garde mobile de la Nièvre fut formée au milieu du mois d'août 1870 ; les désastres de notre armée, le désir de chasser promptement l'ennemi de la France, le besoin de se défendre et de se venger ont présidé à la formation de ces nouveaux soldats, qui eussent été d'intrépides guerriers s'ils avaient été plus tôt exercés au maniement des armes.

Malgré les difficultés de la situation, et grâce à l'activité des officiers qui avaient le commandement de la garde mobile de la Nièvre, le régiment fut promptement en état de marcher comme une vieille

troupe, et le 20 septembre, c'est-à-dire un mois
peine après sa formation, le 12e mobile était c:
pable, sinon de marcher au devant de l'ennem
au moins de se tenir sur la défensive et de cherch
à l'arrêter dans sa marche envahissante.

Réunis à Nevers jusqu'au 20 septembre, les tro
bataillons se séparèrent pour se rendre chacun dar
des localités différentes. Chacun d'eux s'habitua sép:
rément aux fatigues de la vie militaire, aux marche
prolongées, rendues plus faciles, au début de
campagne, par le bienveillant accueil qu'ils or
reçu dans les divers pays qu'ils ont traversés.

Le 3e bataillon, le seul que j'ai toujours suivi
quand par hasard les trois bataillons se trouvaie
séparés, reçut, le 20 septembre, l'ordre de quitte
Nevers pour se rendre à Château-Chinon, où il deva
rester quelques jours et se reposer de cette pre
mière course, qu'il fit en deux jours et qui étai
pour les soldats, d'autant plus fatigante qu'ils étaier
moins habitués à la marche.

C'est en chantant que, le 20 septembre, le 3e batai
lon se rendit à Châtillon, que 42 kilomètres séparer
de Nevers.

42 kilomètres, pour des hommes qui débutent dar
la carrière militaire, sont bien longs et bien pénibles
surtout quand, aux fatigues de la marche, se joignen
celles non moins accablantes d'une chaleur excessive c
chez nous fort peu habituelle à cette époque de l'année.

Cette longue étape fut partagée en deux; d'abord nous arrivâmes à Azy, où nous reçûmes le plus chaleureux accueil qu'il fût possible de recevoir, trop bon accueil peut-être, et qui fut un peu préjudiciable à quelques-uns de nos soldats.

Nous fûmes tous reçus avec une extrême affabilité; il n'est personne d'entre nous qui ne garde bon souvenir de ce bourg.

Les chants recommencèrent plus nombreux et plus bruyants qu'auparavant, et chacun reprit gaiement le chemin de Châtillon, où nous arrivâmes à huit heures du soir.

Châtillon comme Azy reçut avec plaisir notre bataillon. Je regrette de n'avoir pu visiter les environs, mais mon seul souci et celui de bien d'autres était de consacrer au repos les quelques heures qui étaient à nous, car, arrivés à huit heures du soir, nous en repartions le lendemain au lever du soleil, pour nous rendre dans cet admirable pays du Morvand, si peu connu des touristes, et qui, à tant de titres cependant, mérite si bien de l'être.

Il est difficile de trouver un plus magnifique pays; j'oublie un instant que je suis soldat : car pour le soldat, le plus joli pays est celui qu'il parcourt avec le moins de fatigue, et le Morvand est loin d'être dans ce cas.

Que la fatigue est peu de chose, quand l'œil est distrait à chaque pas par des sites tous plus ravissants les uns que les autres ! Quelle charmante succession de vallées et de montagnes ! Quels délicieux paysages et quel plaisir de gravir ces collines , quand , à chaque pas , on observe de nouvelles merveilles !

Pour le soldat, je ne crains pas de le dire , c'est une rude étape que celle de Châtillon à Château-Chinon ; mais pour l'artiste, il lui serait difficile de rencontrer dans une aussi courte distance un aussi grand nombre de beautés à admirer.

Mais passons , et espérons que nous aurons encore dans nos voyages l'occasion de regarder avec plaisir, car pour ceux qui aiment ce genre de distractions, c'est le plus grand et le plus agréable des délassements.

Les soldats gravirent avec entrain cette montagne de cinq kilomètres qui précède Château-Chinon. Pour eux, les chants sont les plus grands stimulants ; ils quittent un pays en chantant, et c'est en chantant qu'ils terminent leur étape. Peu leur importent les paroles et la musique, pourvu que la cadence soit bien marquée.

Château-Chinon est un des pays les plus pittoresques que je connaisse. Les rues y sont extrêmement rapides; il en est peu qui soient accessibles aux voitures. La ville est bâtie en amphithéâtre sur le flanc d'une montagne fort élevée, et couronnée elle-même par un monticule plus élevé encore (le Calvaire), d'où on découvre un panorama magnifique, et que je recommande aux touristes passant dans cette contrée.

A notre arrivée, la fanfare de la ville vint à notre rencontre et nous accompagna jusqu'à Château-Chinon, où nous reçûmes si bon accueil.

J'y rencontrai de bons amis que je n'avais pas vus depuis longtemps; je pensais y rester quelques jours; mais, à peine arrivés, l'ordre de repartir vint nous surprendre, et nous nous dirigeâmes vers Nevers, que nous avions quitté l'avant-veille.

J'avoue qu'il m'est difficile de comprendre la marche qu'on nous a fait exécuter. Etait-ce pour nous habituer aux fatigues de la marche? C'est possible. C'est la seule explication raisonnable de cet ordre, qui, de prime-abord, paraît tout bonnement absurde. Le résultat le plus manifeste de cette marche a été de fatiguer les soldats et peut-être de les décourager.

Le nouvel itinéraire qu'on nous traça fut donc de revenir à Nevers; mais au lieu de rebrousser chemin et de passer par Châtillon et Azy, nous partons pour Moulins-Engilbert, où nous nous reposons deux heures à peine, et le même jour nous arrivons à Cercy-la-Tour. Plus de vivres, pas de logements; nous fûmes obligés de passer la nuit dans des wagons que l'administration du chemin de fer mit à notre disposition. Le matin le train nous emportait à Nevers.

Mais là ne devait pas s'arrêter notre voyage; nous n'y restons que les quelques minutes nécessaires pour changer de wagons, que le temps suffisant pour voir ceux des nôtres qui avaient eu avis de notre passage et qui avaient su s'y transporter. La maudite sonnette donna le signal du départ, et quelques minutes après nous partions pour Orléans, où le 12e mobile devait plus tard recevoir le baptème du feu.

Nous n'arrivons à Orléans que fort tard. Ce ne fut qu'avec la plus grande difficulté que nos soldats purent se loger. La population nous reçut aussi froidement que possible, et nous eûmes, dans cette ville, beaucoup à souffrir du peu de patriotisme des habitants, que nous venions pourtant défendre et protéger contre l'invasion, et pour qui tant de nos braves compatriotes ont si glorieusement versé leur sang.

C'est certainement à Orléans que nous avons été reçus le moins gracieusement au début de la vie militaire. C'est là que nos soldats ont été le plus exploités; c'est là où l'appât du gain de tous les commerçants a été le plus blâmable. J'ai même entendu dire que plusieurs Orléanais ont été jusqu'à vendre de l'eau à ceux qui venaient défendre leurs foyers.

Faut-il qu'une ville qui présente tant et de si beaux souvenirs historiques se conduise si misérablement à notre époque? Mais pardonnons; elle a eu plus tard ses calamités, et puis n'a-t-elle pas voté un monument funéraire à nos braves soldats morts pour sa défense!

Nous restâmes quelques jours à Orléans; c'est là que nos soldats tirèrent pour la première fois à la cible et qu'il fut permis de bien augurer de leur adresse.

Quelques jours après notre arrivée, nous recevons l'ordre d'aller à Cercottes, à 12 kilomètres de cette ville, d'où nous apprenons que quelques uhlans s'étaient approchés; nous partons de bonne heure, et nous arrivons gaiement au poste qui nous était assigné. Nous pensions passer là quelque temps, et les soldats s'étaient déjà mis à la recherche de provisions, quand, à cinq heures du soir, le bruit court que 25,000 Prussiens avaient envahi la forêt.

Attendre 25,000 hommes armés et disciplinés comme le sont les Prussiens, nous qui n'étions que quelques bataillons, eût été au moins imprudent, et l'ordre de nous replier sur Orléans nous arrive promptement. Nous prenons donc la ligne du chemin de fer, et nous avions déjà commencé notre mouvement quand un nouvel ordre nous arriva et nous enjoignit de nous installer à La Montjoie, où nous passons la nuit. Ce nouvel ordre, comme beaucoup d'autres que nous reçûmes depuis, était sans doute une fausse manœuvre, car dès le jour on nous traça une nouvelle direction à suivre.

C'était la première fois de ma vie que je passais la nuit à la belle étoile, et toujours je garderai bon souvenir de cette bonne nuit, où la gaieté était de rigueur, pendant, peut-être, hélas! que les nôtres étaient en proie aux plus cruelles angoisses. J'ai passé la nuit dans un fossé (que j'ai revu depuis) avec de braves officiers qui, plus tard, ont fait leurs preuves.

Vers deux heures du matin, nous entendons dire que l'ennemi approche avec des forces considérables, fausse alerte dont le résultat fut l'ordre de nous replier sur Orléans, et qui nous a peut-être privés des honneurs d'un succès, car on a su depuis que *ses forces* n'étaient guère supérieures aux nôtres ; si elles l'étaient, ce mouvement laissa peut-être croire que nous avions fui devant le danger, tandis que nous n'avions fait qu'obéir à un ordre !

Toujours est-il que nous quittons notre fossé de La Montjoie et que nous prenons la route d'Orléans, où nous arrivons vers cinq heures. Nous traversons cette belle ville en maudissant ses habitants, qui nous avaient fait si triste accueil pendant notre premier séjour. Nous ne nous arrêtâmes pas ; nous poussons jusqu'à Cléry, où quelque repos nous fut accordé avant de repartir pour Lailly, où nous devions passer la nuit

Cléry n'est pas une ville bien remarquable, mais elle possède une église de toute beauté Sa population fit très-bon accueil à nos soldats, qui ont été heureux de retrouver quelques douceurs après la triste réception de la ville de Jeanne d'Arc et après les fatigues qu'ils venaient de supporter.

Les chants, qui avaient cessé de se faire entendre depuis le moment où on avait sonné la retraite à La Montjoie, recommencent plus entraînants que jamais, et nous arrivâmes à Lailly dans la soirée.

Lailly est un fort petit endroit qui n'a rien de curieux par lui-même, mais dont les environs sont remarquables. La culture de la vigne fait la principale industrie du pays. Je n'y ai absolument rien visité; les instants que j'aurais pu consacrer à la promenade, je les ai donnés au repos, heureux d'y trouver un excellent homme qui m'a offert une hospitalité dont je garderai longtemps bon souvenir ; ma chambre était un petit pressoir ou mieux, un lieu de débarras; rien n'y manquait : une pièce de vin , un tas de pommes de terre, un monceau d'oignons, tous les outils consacrés au jardinage, mais je ne m'occupais que de ma botte de paille bien étalée dans un coin : ce charmant petit réduit était un véritable eldorado pour moi, qui avais, la veille, passé la nuit dans un fossé, et je préférais les noisetiers qui empêchaient le jour de pénétrer par la fenêtre aux faisceaux d'armes qui nous entouraient la veille.

Le lendemain, nous partions pour Montliveaux en passant par Saint-Laurent, Nouan, Muy, Saint-Dié , où nous fîmes la grande halte et où je fus si bien reçu par un confrère que j'avais autrefois connu étudiant. Le signal du départ sonna malheureusement trop tôt, et nous partîmes pour Montliveaux, qui n'est séparé de Saint-Dié que de quelques kilomètres.

Montliveaux est un charmant petit pays sur la rive gauche de la Loire. C'est peut-être là que nous sommes arrivés avec le plus de plaisir. On nous faisait espérer que nous y séjournerions, et nous pensions bien, cette fois, ne plus recevoir de contre ordre.

J'étais logé à Montliveaux chez un brave homme qui était même dans les honneurs et qui fit longuement la conversation avec moi. Depuis la proclamation de la République, il avait cru devoir décrocher le buste et le portrait en pied de Napoléon III et les avait dissimulés sous mon lit. Mais passons ; c'était un excellent homme, et je garderai bon souvenir de la grande chambre qu'il mit à ma disposition.

Le château de Chambord est très-peu éloigné de Montliveaux. Nous avions, de concert avec plusieurs officiers, formé le projet d'aller le visiter, quand l'ordre de partir pour Blois vint nous surprendre, et nous avons été privés de voir l'un des castels les plus curieux que nous possédons aujourd'hui et que nous ne connaissions que de réputation ; mais le soldat doit obéir. Il lui arrive parfois (peut-être même souvent) de ne rien comprendre aux ordres qui viennent d'en haut, mais il est soldat, il obéit.

Obéissons donc, et partons pour Blois. La route de Montliveaux à Blois est fort belle, et je me faisais, en longeant la rive gauche de la Loire, les mêmes réflexions qu'autrefois, en *parcourant notre belle Nièvre*.

Ce qu'il y a de plus remarquable dans le cours de cette ravissante étape, ce sont : le château de Sénard sur la rive droite et cette belle allée d'arbres qui longe le bord de l'eau et qui rappelle les magnifiques allées taillées de la terrasse de Saint-Germain-en-Laye. Sur la rive gauche, on aperçoit de loin les tourelles du château de Chambord.

Enfin, nous voilà sur le pont de Blois, et nous apercevons la ville, bâtie en amphithéâtre sur les bords de la Loire. Immédiatement au bout du pont se trouve un escalier monumental qui se bifurque, et entre les deux branches de bifurcation est un square ravissant, extrêmement pittoresque. J'aurais voulu visiter le château de Blois, si riche aussi en souvenirs historiques. Je n'ai pu qu'en admirer l'extérieur.

Redevenons un instant soldat..... A notre arrivée à Blois, on nous dirige vers la nouvelle caserne, la plus belle que j'aie encore vue jusqu'à ce jour en province, et où se trouvaient momentanément réunis les trois bataillons du 12e mobile

J'y ai rencontré plusieurs de mes bons camarades de Paris qui faisaient partie de la 5e ambulance internationale. Il est probable que nous nous retrouverons encore, car ils suivent les mouvements des troupes pour donner des soins à nos blessés, et ces mouvements ne paraissent pas encore devoir s'arrêter de sitôt *(Commencement d'octobre 1870.)*

A peine sommes-nous entrés dans la cour du quartier (c'est l'expression militaire consacrée, et qui est synonyme de caserne) que nous recevons l'ordre

2

de quitter Blois le lendemain pour nous rendre. . . . .
. . . .
pour nous rendre à Orléans, que nous avions quitté
depuis trois jours.

Le régiment se dirige à la gare dans ce but, et nous
y arrivons dans la soirée.

Ce n'est qu'à dater de cette époque que nous
avons été de vrais soldats: ce n'est que depuis cette
nouvelle arrivée à Orléans que nous avons été vérita-
blement équipés, ce n'est qu'à partir de ce jour que
commença notre campagne vraiment militaire, et dans
laquelle nos compatriotes se sont si bien conduits.

Je ne voyais pas ce retour d'un aussi mauvais œil
que beaucoup de mes compatriotes, car j'avais fait,
à mon premier voyage, la connaissance d'un excellent homme, qui m'a de nouveau offert sa gracieuse
hospitalité.

Les mobiles de la Nièvre, à peine équipés à leur
arrivée, reçurent à Orléans le bagage du soldat.
Tentes, couvertures, rien ne leur manquait. Ils s'habi-
tuèrent à la vie des camps. Pour la première fois ils
dressèrent leurs tentes sur le Mail.

Le surlendemain de notre arrivée, on alla tirer à la
cible. Je me rappelle avec quelle fierté les soldats
ramenaient en ville les cibles criblées de balles.

Après quelques jours de repos, nous reçûmes
l'ordre de partir pour Montégu. Là, les tentes furent
dressées en un instant; les officiers se réunirent dans

une maison abandonnée, où nous avons passé de bien doux moments. A gauche de la ferme, se trouve un joli petit bois, et à l'entrée une mare à peu près desséchée et bordée de gros arbres dont les branches tombent presque dans l'eau. Brave Henri, avec quel plaisir nous allions faire notre petit tour à la mare !

Mais, hélas ! ce n'était pas précisément pour admirer ses sites que nous avions été envoyés à Montégu ; nous allions y attendre l'ennemi !

C'est à Montégu que nos hommes reçurent leurs chassepots. Le jour de cette distribution fut béni par eux, car leur œu le plus cher était d'avoir cette arme pour aller au feu. Je me rappelle avec quel entrain ils allèrent à l'exercice ce jour-là et avec quel plaisir ils formèrent les faisceaux avec leurs nouvelles armes.

Nous restâmes là deux jours, et nous avions presque oublié que nous étions un régiment de marche. Mais nous fûmes promptement détrompés, car nous reçûmes l'ordre de nous diriger sur Arthenay. Heureusement, l'étape n'était pas longue. Nous arrivâmes en plein jour, et nous dressâmes nos tentes à gauche de la route d'Orléans à Paris, gardés que nous étions par deux canons placés très-près de nous, à moins pourtant que nous n'ayons été envoyés là pour les protéger

La route que nous avons parcourue pour aller de Montégu à Artenay ne présente rien de remarquable.

Nous traversâmes Gydy, que quelques-uns d'entre nous se rappellent avec plaisir; là était placée la grand'garde du camp de Montégu, La Croix-Briquet, où s'était livré un petit combat entre des dragons français et des uhlans quelques jours auparavant, pendant que nous campions à Cercottes. Les habitants nous montrèrent les tombes des deux Prussiens tués pendant le combat; un de nos dragons y reçut cinq coups de lance.

Une fois arrivés à Artenay, nous pensions avoir promptement une rencontre avec l'ennemi; nous ne devions avoir cet honneur que trois jours après.

Artenay avait déjà été occupé par les Prussiens, qui avaient pris tout ce qu'il y avait à prendre, et ce n'est qu'avec la plus grande peine que nous trouvâmes l'indispensable. Les officiers du 3e bataillon improvisèrent une salle à manger dans une remise: c'est là que nous nous réunissions (c'est l'habitude, en temps de guerre, de se réunir où est installée la popote). Popote est une expression inconnue dans les salons, mais très-usitée au régiment, et qui dit bonne popote dit la moitié du bonheur du soldat. L'autre moitié de ce bonheur (également inconnue dans les salons), c'est une bonne provision de paille pour la nuit et quelques cigares.

C'est là que nous avons passé trois bons jours. Quand je dis trois bons jours, c'est que jusqu'alors nous ne savions pas encore ce qu'étaient les mauvais.

Le 9 octobre, le régiment reçut l'ordre de se diriger sur Chevilly. Le 3e bataillon s'arrêta à la Croix-Briquet et y passa la nuit. L'ennemi était près de nous, il fallait se tenir prêt. Les soldats ne dressent pas leurs tentes, et nous passons la nuit dans des granges, en nous tenant sur le qui-vive. Le surlendemain 11, l'arrivée de l'ennemi nous fut signalée, et vers onze heures du matin le régiment prit une position convenable pour l'attendre de pied ferme. Une rencontre était inévitable. Je me mis en devoir de chercher un local convenable pour recevoir nos blessés et à faire les tristes préparatifs nécessaires pour leur donner des soins.

Bataille d'Artenay (10 Octobre 1870.)

Pendant que s'opéraient les mouvements militaires, les blessés nous arrivaient en grand nombre à l'ambulance de la Croix-Briquet. Le premier qui vint réclamer nos soins, était un de nos braves Decizois, qui avait le bras traversé par une balle ; mais abstenons-nous de décrire la nature des blessures des braves qui ont versé leur sang pour racheter les fautes de ceux qui nous ont conduits à de pareils carnages, et qui, eux, n'ont pas partagé les dangers de nos soldats.

Je les vois encore mutilés à l'ambulance, pas un ne verse une larme : ce qui les attriste, c'est de ne pouvoir continuer le combat ; les souffrances ils les oublient, mais ils pensent à ceux de leurs frères d'armes qui sont tombés à leurs côtés, et qu'ils n'ont plus la force d'aller venger. Combien en ai-je vu, au moment de rendre le dernier soupir, demandant leurs armes pour combattre encore, et dont la dernière parole était un cri de vengeance ou bien un éloge à l'adresse des braves tombés près d'eux

C'est un bien triste spectacle qu'une ambulance improvisée pendant un combat Le jour de la Croix-Briquet, c'est une grange qui abrite nos blessés ; une botte de paille leur servit de lit et nous n'avions même pas de couverture à leur donner. La grange fut bientôt pleine, et le canon grondait toujours, et toujours de nouveaux blessés venaient à nous. Il est difficile de dépeindre les impressions que l'on ressent lorsqu'on entend le bruit du canon se rapprocher de plus en plus de soi, et qu'en même temps les blessés deviennent si nombreux qu'on ne peut qu'à grand'-peine leur donner les soins strictement indispensables. Notre armée (si toutefois on peut appeler armée une poignée d'hommes qui tient tête toute une journée à l'armée bavaroise tout entière), notre armée se replia sur la Croix-Briquet où je m'étais installé, et où je devais assister à la fin de l'action, car l'ambulance se trouva vers le soir presqu'au centre des opérations militaires.

Jamais je n'oublierai cette grande circonférence décrite par la cavaleri bavaroise; jamais je n'oublierai avec quelle rapidité ce grand cercle se rétrécit de plus en plus, et je vois encore nos pauvres soldats obli és de jeter leurs armes et de se rendre prisonniers. En même temps l'artillerie ennemie formait un cercle en dehors du premier qui se rétrécissait toujours et refoulait dans la cour de l'ambulance nos soldats écrasés par le nombre.

La victoire était gagnée par les ennemis, leurs batteries établies en cercle, continuaient à tonner et repoussaient sur Orléans le gros de notre régiment qui avait fait subir à l'ennemi des pertes sérieuses, et qui fut relativement assez peu maltraité, peut-être grâce à la pluie de la veille qui avait assez detrempé le sol pour empêcher d'éclater beaucoup d'obus à percussion lancées contre nous.

Pendant que les batteries ennemies continuaient de gronder, un officier de cavalerie bavaroise arriva jusqu'à l'ambulance accompagné d'un certain nombre de uhlans.

C'est à ce moment que je sortis de la grange où je soignais nos soldats et que j'allai au-devant de cet officier pour le prier de faire respecter l'asile de nos blessés. Notre bon aumônier m'accompagnait. Dès qu'il nous aperçut, il vint à nous et me tendit la main. « Braves soldats, me dit-il, courage mal récompensé. » Il comprenait le français, et nous causâmes quelques instants. Pendant ce temps, un uhlan se précipita sur l'abbé et lui mit le mousqueton sous la gorge. L'officier bavarois s'aperçut de cet acte infâme et parla à ce barbare un langage que je n'ai pu comprendre, mais qui certainement, était énergique, car le uhlan salua et se retira poliment. L'officier revint à moi et me tendit encore la main.

Espérant que cet officier ne tiendrait pas à abuser de la victoire (on trouve partout des âmes généreuses qui savent compâtir au malheur des autres), pendant qu'il tenait encore ma main serrée dans la sienne, je le priai de laisser à mes soins tous les blessés qui se

trouvaient à l'ambulance, et de vouloir bien ne pas les
faire prisonniers.

Quoiqu'il parlât assez bien le français, « *id, id,* »
me répondit-il, et, sur ma prière, il écrivit en allemand
ces quelques mots qui lui coûtaient si peu, et qui me
procurèrent tant de satisfaction :

Saemmtliche verwundete und Kranke bleiben an

Orte, es ist keiner, als Gefangener miszünehmen.

Graf Rielmannosger,

Riitt meister und schwadrons-chef.

En voici la traduction exacte :

« **Tous ensemble, blessés et malades, peuvent rester en cet
» endroit; il n'y a pas à emmener de prisonniers.**

» Comte RIELMAUNOSGER,

« *Maître de cavalerie, chef d'escadrons.* »

J'annonçai cette bonne nouvelle à nos pauvres
blessés, fort que j'étais du manuscrit que je possé-
dais, et que j'eus l'occasion, dans la soirée, de souvent présenter aux vainqueurs, qui me paraissaient
moins bien intentionnés.

Je ne comprenais pas un mot d'allemand, eux pas
un mot de français. Avec de pareils éléments, la dis-

cussion n'est guère possible, et comme nous ne pouvions nous entendre, pour clore cette conversation par gestes, je présentais mon manuscrit à mes adversaires, qui tous, après l'avoir lu, répondaient : « o id, id ». J'ai même remarqué que c'était la signature qui leur arrachait cette exclamation.

Dès ce moment, les Allemands envahirent la cour de l'ambulance. Notre régiment était loin déjà ; nous étions absolument seuls au milieu d'eux.

Quelques instants après un médecin prussien vint à l'ambulance, et nous parcourûmes ensemble le champ de bataille pour recueillir les quelques blessés que nous n'avions pu secourir plus tôt.

Quel affreux spectacle qu'un champ de bataille après le combat ! Mais abstenons-nous de toute réflexion : tout ce que nous dirions serait au-dessous de la vérité. Je ne crains pas de dire qu'il est impossible de rien imaginer de plus affreux

A notre retour, les Prussiens avaient envahi toutes les maisons avoisinantes. La cour de l'ambulance était elle même occupée par un grand nombre de Bavarois. Tous, je me plais à le reconnaître, ont eu pour nos blessés le plus grand respect. Vers sept heures du soir, un convoi de blessés allemands nous arriva. Je me mis à la disposition du médecin prussien, qui m'avait lui-même offert ses services dans la journée. Mais hélas ! si jusqu'à présent je n'avais eu affaire qu'à de braves soldats, le soir j'eus à déplorer la barbarie de beaucoup d'entre eux : vers huit heures les Prussiens incendiaient tout un quartier du petit bourg de la Croix-Briquet : voilà ce qu'ils appellent *le feu de joie* ; en même temps leurs musiques exécutaient une hymne splendide, mais affreuse pour nous, qui étions forcés de l'entendre.

Dès que les musiques eurent terminé leurs accords, les Prussiens poussèrent un cri sauvage ; voilà ce qu'ils appellent *le chant de victoire* Dès ce moment, tout rentra dans l'ordre Les soldats allemands bivouaquèrent dans les champs environnants et y passèrent la nuit.

Toutes les armes qui avaient été abandonnées de force par ceux de nos soldats qui avaient été faits prisonniers furent recueillies par les ennemis, qui en firent un monceau près de la modeste croix qui se trouve sur la route. Les Prussiens firent, avec ces armes, un nouveau feu de joie, autour duquel beaucoup de soldats se réunirent.

Triste nuit que celle que nous avons passée au milieu d'eux !

Vers cinq heures du matin, le clairon se fit entendre, et l'armée bavaroise reprenait, musique en tête, la route d'Orléans, où nos braves compatriotes devaient encore combattre. A partir de ce moment commença le défilé du corps de Van der Thann, que nous vîmes tout entier passer devant nous. Rester à la Croix-Briquet était impossible. Je me mis donc en mesure de faire transporter mes blessés à la 5ᵉ ambulance internationale, installée au château d'Auvilliers, situé à deux kilomètres environ de la Croix-Briquet.

Le lendemain, quel ne fut pas mon désappointement lorsqu'à mon retour d'Auvilliers, où j'avais été chercher pour nos blessés un local plus convenable que notre grange et nos écuries, je vis qu'il en manquait un assez grand nombre à l'appel. N'ayant pas été inquiété par les vainqueurs dans la matinée, et voyant que les troupes qui avaient passé la nuit à la Croix-Briquet étaient parties dans la direction d'Orléans, je crus devoir m'absenter quelques instants, après avoir recommandé mes blessés à mes aides, dont le dévouement ne saurait assez être loué.

Les laisser sur la paille était impossible, et puis je n'avais rien, absolument rien à leur donner, pas autre chose que de l'eau trouble pour calmer leur soif. Il fallait bien me mettre à la recherche d'un local plus convenable pour ces braves soldats. Je conservai toujours mon manuscrit, qui pouvait m'être utile dans ma course au milieu des ennemis, car de la Croix-Briquet à Auvilliers ce n'étaient que Prussiens.

A mon retour, j'appris que, pendant mon absence, les vainqueurs avaient emmené tous ceux de nos blessés qui pouvaient marcher, et c'était le plus grand nombre.

Nous employâmes, mes aides et moi, toute la

journée à faire transporter ceux qui nous étaient restés
à Auvilliers, où ils devaient recevoir des soins si dé-
voués, et, sans savoir ce que nous allions devenir,
nous prenons la direction d'Orléans.

Quelle douce surprise pour nous lorsqu'en arrivant
à Chevilly nous aperçûmes notre brave aumônier, qui
nous avait quittés la veille, après avoir rendu tant de
services à nos blessés; l'abbé Comoy, qui nous accompagnait au début de la campagne, et mes confrères
du 1er et du 2e bataillon, MM. Comoy et Picard, qui
étaient avec leurs aides à Chevilly depuis la veille.
Dès lors, toute l'ambulance du 12e mobile s'y trouva
réunie; elle était encore au complet!. .

Plus aucune ressource, tout avait été pris par les
Prussiens. La Croix-Briquet et Chevilly avaient été
pillés complètement. Nous étions dépourvus de vivres,
et pendant huit jours que nous y sommes restés pour
donner des soins aux blessés qui s'y trouvaient encore, nous n'avons pu vivre que grâce à l'obligeance
de quelques personnes dont les noms resteront toujours gravés dans ma mémoire (1).

Notre ambulance de Chevilly était bien différente
de celle de la Croix-Briquet M et Madame Darblay, dont nous avons été si bien à même d'apprécier
le courage et la générosité, avaient mis toute une
maison à notre disposition. Grâce à eux, grâce aussi

(1) MM. de Parceval, Darblay, Religieuses.

à M. de Parceval, et surtout aux bonnes religieuses de Chevilly, qui nuit et jour, avec une abnégation sans égale, étaient au chevet d nos malheureux blessés, nous avons pu donner à nos pauvres victimes des soins dignes de leur courage exemplaire.

Ce n'était plus une ambulance improvisée, c'était une véritable maison de santé où ils trouvaient, non plus les soins strictement indispensables, mais bien ces petites douceurs si appréciées de ceux qui souffrent, et qui les aident tant à supporter leurs douleurs.

Merci, merci mille fois de vos bontés, merci des services inappréciables que vous avez rendus à nos blessés, merci aussi de votre bienveillance pour nous, qui eussions tant souffert à Chevilly pendant notre captivité, que votre généreuse intervention a rendue si douce.

Le lendemain de l'affaire de la Croix-Briquet, nous reçûmes à l'ambulance la visite d'un de nos braves officiers qui avait été grièvement blessé au bras (capitaine Chartenet). Je le conduisis à Orléans; les soldats prussiens avaient bivouaqué dans les champs qui longent la route; presque tous les arbres qui la bordent avaient été coupés. La route, si belle quelques jours avant, était maintenant de la dernière tristesse.

Bataille d'Orléans (11 Octobre 1870.)

Je défie d'imaginer rien de plus horrible que le faubourg Bannier le 13 octobre 1870. Les trottoirs étaient couverts de cadavres, les habitants étaient occupés à les recueillir et à les transporter sur des brouettes et des charrettes à bras; presque toutes les premières maisons du faubourg étaient incendiées, la rue était encombrée de troupes prussiennes qui défilaient, toutes les maisons qui n'avaient pas été incendiées étaient criblées de balles. La muraille de l'église, qui sort un peu de l'alignement de la rue Bannier, ne présentait pas une surface large comme la main qui n'ait reçu une balle.

Je quittai là le brave capitaine que j'accompagnais, et je revins à Chevilly. Pendant les quelques jours que nous y sommes restés, nous avons eu occasion de visiter les maisons qui avaient été pillées par les Prussiens; rien n'avait été respecté: ils étaient entrés partout: ce qui pouvait leur servir avait été pris, le reste détruit, les fenêtres enfoncées à coups de crosses, les vitrines des commerçants brisées, les marchandises gaspillées et jetées dans la boue; tout ce que l'incendie avait respecté était ruiné.

De notre ambulance de Chevilly nous avons pu voir défiler ces magnifiques régiments de cavalerie prussienne (que nos journaux avaient tant critiqués au début de la campagne, et desquels ils semblaient avoir pitié), ces ponts de bateaux, tous ces fourgons qui contenaient leurs approvisionnements et leurs munitions : le défilé n'a pas duré moins de deux jours.

Le 14, nous avons été témoins d'un affreux spectacle, nos soldats, prisonniers au nombre de mille environ, étaient ramenés d'Orléans par quelques uhlans, le mousqueton au poing, et défilaient devant nous. Nous les saluâmes; tristes adieux. Tous, en nous voyant, agitaient leurs képis. M. de Parceval, dont le patriotisme n'a d'égal que la générosité, ne put retenir le cri de : *Vive la France !* qui fut cent fois répété par les infortunés qui partaient pour l'Allemagne. Je ne me rappelle pas avoir été jamais plus émotionné que ce jour-là.

J'avais pourtant été témoin de bien tristes spectacles .. Le champ de bataille d'Artenay, l'ambulance de la Croix-Briquet entourée de maisons incendiées, le faubourg Bannier alors qu'il était en flammes, que ses trottoirs ensanglantés étaient couverts de cadavres, mais ces tableaux étaient moins émouvants pour moi que le départ de nos malheureux soldats.

Lorsque le médecin de Chevilly, qui pendant ces horribles jours (avait fait un petit voyage à Orléans) fut de retour, nous lui confiâmes nos blessés, et dès-lors notre desir le plus cher fut de rejoindre notre régiment, dont nous n'avions eu aucune nouvelle depuis le jour d'Artenay.

Mais nous éprouvions de grandes difficultés; les Prussiens ne voulaient pas nous laisser traverser leurs lignes; nous nous décidâmes à fuir à nos risques et périls.

Le dimanche matin, favorisés par un épais brouillard, nous quittons Chevilly, et un paysan, dont je ne saurais trop louer la complaisance, nous servit de guide. Nous traversâmes une partie de la forêt et nous arrivâmes à Loury. Nous pensions pouvoir y rester quelques instants; mais M. le M...., homme extrêmement craintif, que nous avions surpris à déjeûner, craignant sans doute de se compromettre en gardant pendant quelques instants dans sa commune des aumôniers et des médecins français, sans plus de courtoisie, bourra sa pipe et se mit en devoir de nous mettre dans notre chemin; nous partons donc pour Tranou, qui n'est séparé de Loury que de quelques kilomètres. Excellent M. le M....., qui a bien voulu retarder son déjeûner d'un quart d'heure!

Mais si à Loury nous reçûmes un accueil si peu bienveillant, nous fûmes dédommagés en arrivant à Tranou, où nous avons été fort bien reçus. Nous étions éloignés des Prussiens de 36 kilomètres environ. Les habitants nous contèrent que chaque jour ils apercevaient des uhlans toujours à la même heure, et pour favoriser la promptitude de notre fuite, ils nous firent conduire en voiture jusqu'à Sully, où nous arrivâmes dans la soirée. Nous reçûmes à Sully le même accueil qu'à Trainou, et le maire parvint, après mille difficultés, à nous faire conduire à Lorris, où nous arrivâmes dans la nuit

Nous étions en sûreté; nous y passons la nuit. Le lendemain, après avoir vu les curiosités de cette charmante ville, et surtout sa superbe église, nous partimes pour Gien, où nous restâmes quelques instants. De là à Nevers, c'était l'affaire de quelques heures, et nous apprîmes enfin ce qu'était devenu notre régiment.

A Nevers, nous nous rendîmes chez le général à qui nous avions à donner quelques renseignements. Nous y trouvâmes notre colonel, et nous partimes ensemble le surlendemain pour rejoindre le régiment, qui depuis quelques jours, campait à Argent.

Enfin, nous voici au milieu des nôtres; nous apprenons de quelle façon s'étaient conduits les Nivernais dans les deux affaires d'Artenay et 'Orléans, ce que nous avions déjà entendu dire par un brave chef de bataillon de chasseurs fait prisonnier, que nous avions vu à Chevilly, et qui nous avait félicités de faire partie des mobiles de la Nièvre. Malheureusement il en manquait à l'appel.

Nous passons huit jours à Argent, huit bons jours, malgré l'affreux temps que nous avions à cette époque. Les Nivernais étaient campés dans un grand

champ situé sur le bord du canal, auprès d'une tuilerie
ouverte à tous les vents, et qui servit de salle à manger aux officiers du 3e bataillon. Brave Fritz, vous
rappelez-vous des bons instants que nous passions
sous votre tente pendant notre séjour à Argent?

Enfin, nous recevons l'ordre de quitter Argent et de
nous diriger vers Sully, en passant par Cerdon. Chacun de nous se rappelle cette étape d'Argent à Sully
et le temps que notre régiment mit à parcourir le dernier kilomètre. Chacun se rappelle aussi le grand
champ où campa notre brigade et où nous arrivâmes
à dix heures du soir. Triste nuit que la nuit de Sully!
Le lendemain, nous reçûmes un singulier ordre : celui
de quitter Sully et de revenir à Argent, où nous étions
la veille.

Ce mouvement fait par nos troupes était, je pense,
ce qui s'appelle en langage militaire une feinte, et
nous connaissions déjà ces sortes de mouvements,
car, depuis le commencement de la campagne, jamais
nous n'avions quitté un endroit sans y revenir. Exemples : le voyage de Nevers à Château-Chinon et de
Château-Chinon à Nevers; ceux d'Orléans à Cercottes
et de Cercottes à Orléans; d'Orléans à Blois et de
Blois à Orléans; enfin, d'Argent à Sully et de Sully
à Argent.

Nous retournâmes camper à Argent, dans le grand
champ qui borde le canal, et où nous étions la veille;
les tuileries servirent encore de salle à manger aux

officiers du 3e bataillon. Nous y retrouvâmes les boites
à biscuits qui nous servaient à la fois de chaises et de
tables.

Nous pensions presque que nous devions prendre
nos quartiers d'hiver à Argent, car nous y restâmes
encore plusieurs jours. C'est pendant ce temps que
nous avons été témoins de cette magnifique aurore
boréale que nous avons tous pu admirer. C'est encore
là que nous avons eu le plaisir de voir ceux de nos
compatriotes qui avaient fondé l'ambulance de l'Allier, qui nous ont si généreusement offert leurs services, et qui s'étaient installés à Aubigny. petit village
situé à cinq kilomètres d'Argent, et où campaient plusieurs régiments appartenant au même corps que
nous.

Le 8 novembre, nous recevons l'ordre de quitter
Argent. pour nous rendre. . . . . encore à
Sully (cela devait être, nous n'y étions encore venus
qu'une fois). Nous en partons donc de bonne heure,
et nous arrivons dans la soirée à Sully. De même qu'à
nos divers voyages à Argent, nous reprîmes posses-
sion de notre ancien campement.

Nous ne repartîmes de Sully que le lendemain, dans
la journée, ce qui nous permit de visiter son superbe
château. Nous traversons le pont suspendu; les soldats
se mettent en bataille sur la route, et nous attendons
là des ordres pendant plus de deux heures. Enfin, on
nous dirige sur Châteauneuf, où nous arrivons le soir.

Nous y apprenons que nos troupes avaient remporté quelques avantages le 8, le 9 et le 10, à Baccon, Jarsouville, Beaugency, et nous quittons notre campement du bord de la route le lendemain, pour faire l'étape la plus longue que nous ayions peut-être faite pendant toute la campagne.

Bataille de Coulmiers (11 novembre 1870).

C'était le jour de la bataille de Coulmiers ; nous entendions le canon gronder près de nous. Nous apprenons, pendant notre marche si pénible, que l'armée de Van der Thann venait de quitter Orléans, que nous avions gagné la bataille. Chacun de nous se rappelle avec quel enthousiasme nous nous dirigions sur Orléans, où nous avions l'assurance d'arriver le soir. En effet, nous allons, le 11 novembre, camper à Fleury-aux-Choux par une pluie battante, après avoir passé par Fay-aux-Loges, Trainou et Loury.

Le lendemain 12, nous partons de bonne heure ; c'était enfin pour aller en avant. Notre régiment traverse d'abord ces grandes vignes où nos soldats s'étaient si bien montrés un mois auparavant, et où nous voyions les tombes des braves morts pendant l'action ; puis le faubourg Bannier, incendié, ruiné, et que j'avais vu alors qu'il était en flammes. Nous reprenons la route d'Orléans à Paris, que nous avions si souvent parcourue au commencement de la campagne. Nous revoyons Cercottes, Chevilly, que nous connnaissions déjà si bien, où nous arrivons à onze heures, et où je fus si bien reçu par les personnes qui m'avaient déjà rendu tant de services pendant ma captivité.

Je ne pensais pas rester longtemps à Chevilly, et la fuite de l'ennemi me faisait prévoir, à moi, qui ne suis pas soldat, un prochain mouvement en avant. Je me suis trompé, sans doute à cause de mon peu d'expérience, car ceux qui en avaient nous firent rester à Chevilly jusqu'au 24 novembre.

Nous campons d'abord à gauche de la route d'Orléans à Paris dans un champ labouré et détrempé par les pluies, mais le 19 novembre le camp était devenu inaccessible et ses abords impraticables, nous sommes obligés de changer de campement et nous venons nous installer sur un terrain plus sec, à droite de la ligne du chemin de fer où nous restons jusqu'au 24, nous y revoyons la légion bretonne avec laquelle nous avions fait connaissance à Nevers où elle passa lors de la formation de notre régiment.

Le 24 nous quittons Chevilly, et nous allons à Loury en traversant la forêt, passant par Saint-Lyé et Rebreschien. Pendant notre séjour, les marins établirent une batterie sur une petite éminence voisine de notre nouveau camp.

Les Prussiens qui m'ont paru toujours trop bien

informés, eurent sans doute connaissance de notre mouvement ; car à notre départ, des cavaliers prussiens ici isolés, là réunis en petits groupes, vinrent nous observer, ils n'étaient certainement pas éloignés de nous de plus de 1300 mètres ; quelques coups de canon furent tirés de notre côté, les Prussiens ne répondirent pas et nous continuons notre route jusqu'à Loury où nous arrivons à la nuit.

Notre arrivée à Loury ressemblait absolument à celle de Sully ; le régiment, pour arriver à l'emplacement qui avait été choisi pour le campement, fut obligé de traverser un petit ruisseau que les soldats ne purent franchir qu'un par un, manœuvre qui dura deux heures, de sorte qu'il faisait nuit noire quand ils dressèrent leurs tentes

Nous restâmes trois jours à Loury, et le dimanche 26, un soldat sculpteur profita du terrain argileux sur lequel nous étions campés, pour modeler une statue de femme (à la taille fort gracieuse, ma foi,) et qui attira à son auteur les félicitations de ses nombreux visiteurs appelés par le son de la cornemuse nivernaise

Nous quittons Loury dans la journée du 28 et nous primes la direction de Beaune-la-Rolande.

Beaune-la-Rolande (28 novembre 1870.)

Mais nous sommes arrêtés dans notre course, et nous passons la nuit dans un bois, de chaque côté de la route. Nous n'avons fait qu'y bivouaquer, les tentes n'avaient pas été déployées, car nous nous attendions d'un instant à l'autre à recevoir des ordres.

A deux heures du matin nous prenons en effet le chemin de Beaune-la-Rolande, nous traversons Chilleurs-aux-Bois, Courcy où se trouve un magnifique château à droite de la route, et où nous fîmes une halte. Il y avait une demi-heure à peine que nous nous reposions, quand nous reçûmes de nouveaux ordres. Le 1er bataillon devait se diriger vers Chambon, le 2e restait à Courcy, le 3e revenait à Chilleurs-aux-Bois; nous quittons Courcy à dix heures, revenons sur nos pas et arrivons dans la soirée à Chilleurs où l'on nous fit encore camper dans des terres détrempées (29 novembre.) Le 30 nous changeons de camp et nous venons nous installer de chaque côté de la route, immédiatement à l'entrée de la forêt ; c'est là que nous sommes restés trois jours et que nous avons été surpris par le froid dont nous devions tant souffrir dans la suite. Pendant que le 3e bataillon gardait l'entrée de la forêt, le 1er fut engagé à Nancray et à Chambon.

Bataille de Chilleurs-aux-Bois.

Le 3 décembre nous fûmes attaqués, comme toujours, par des forces considérables et une artillerie formidable, qui nous obligèrent à nous replier en prenant la direction d'Orléans. C'est à partir de ces tristes jours que nous avons eu le plus à souffrir du froid et des marches forcées. Le 4, les trois bataillons de la Nièvre et celui de la Savoie, qui a toujours partagé nos fatigues et nos privations, se trouvèrent réunis sur le Mail, où un de nos compatriotes fut si malheureusement tué victime d'une imprudence. Le soir, nous fûmes envoyés aux tranchées d'Orléans pour défendre la ville, et nous y passâmes la nuit du 4 au 5, qui fut certainement une de nos plus pénibles. Les soldats étaient dans les tranchées presque sans feu et par un froid glacial. Nous n'avons cessé d'entendre une fusillade très-bien nourrie; de temps en temps la détonation du canon et le sifflement d'un obus venaient faire diversion. Nous nous attendions d'un instant à l'autre à être engagés, lorsque, vers minuit, nous reçûmes l'ordre de battre en retraite. Quelques heures plus tard les Prussiens rentraient dans Orléans, d'où ils avaient été chassés le jour de Coulmiers.

Nous quittons donc la ville pour commencer cette retraite si pénible et si triste. Nous gagnons le pont du chemin de fer, et nous suivons la voie jusqu'à Saint-Cyr-en-Val, où nous nous reposons quelques instants dans un bois de sapins. Après une courte halte, nous nous dirigeons sur la Motte-Beuvron, où nous arrivons à grand'peine, après avoir traversé La Ferté, Ménestro et Vouson.

Le lendemain, nous quittons La Motte-Beuvron

pour nous rendre à Salbris, en passant par Nouan. Chacun de nous se rappelle la difficulté avec laquelle nous arrivâmes à Salbris. L'artillerie, les voitures du train, les ambulances, les escortes, etc., etc., tout marchait en même temps. Les routes étaient encombrées, il était impossible de s'y reconnaître ; c'était un défilé d'hommes de tous régiments passant un par un au milieu des voitures. La manière dont notre régiment et le bataillon de Savoie firent cette étape si pénible pour tous nous valut des félicitations certes bien méritées. Nous étions exténués de fatigue.

Nous ne devions pourtant pas encore nous arrêter à Salbris. Nous allâmes camper à trois kilomètres de la ville, dans un affreux champ labouré où un sillon nous servit de lit. Oh ! le bon lit qu'un sillon par 15° de froid et quand on n'a même pas de paille. Heureusement, nous n'étions pas très-loin d'un grand bois de sapins, qui eut singulièrement à souffrir de notre passage. Nos pauvres soldats étaient tellement fatigués de ces marches forcées que beaucoup refusèrent d'aller aux distributions et préférèrent se passer de vivres que de faire deux kilomètres pour s'en procurer.

Le lendemain 7, nous recevons l'ordre de nous tenir prêts à partir à trois heures. Ce qui fut ordonné fut fait, et à trois heures les tentes étaient pliées et les hommes prêts. Nous n'attendions plus que le signal du départ, qui sonna à trois heures et demie. Nous avions déjà quitté le camp quand l'ordre de revenir

où nous étions et d'attendre, vint nous surprendre.
Nous obéissons et revenons à nos feux, qui n'avaient
pas encore eu le temps de s'éteindre.

Mais ce à quoi nous ne nous attendions pas, c'est
d'être surpris par l'ennemi. Voilà quelques coups de
canon qui se font entendre; une fusillade très-vive
nous annonce l'approche des Prussiens, et les hommes
qui avaient été au bois pour s'approvisionner, en
braves soldats reviennent précipitamment au camp et
se mettent à leurs faisceaux.

Cette fois, l'ordre de partir sérieusement nous fut
donné, et il fallut, comme c'était notre habitude, nous
résigner encore à faire une longue marche de nuit.
Nous quittons le camp à la nuit tombante, nous traversons Souäne et Ménétréol; nous étions arrêtés à
tout instant par les voitures et par l'artillerie qui ne
pouvaient avancer; à chaque pas on trouvait des che-
vaux morts de faim, de fatigue et de froid. Nous ne
marchions nous-mêmes, par cette neige et ce verglas,
qu'avec la plus grande difficulté.

Enfin, nous arrivons à Aubigny à trois heures du
matin (nuit du 8 au 9). Nous connaissions déjà cet
endroit; nous n'étions plus éloignés d'Argent que de
quelques kilomètres, et nous espérions y revenir, car
nous avions gardé bon souvenir de ce petit bourg,
que nous avions quitté un mois avant. Mais notre es-
poir fut trompé. Nous passons pourtant à Aubigny
toute la journée du 9, et nous nous reposons un peu ,

si toutefois c'est se reposer, quand on vient d'employer toute une nuit à faire neuf lieues, que de camper dans la neige, presque sans bois, et par un froid terrible.

Je me rappelle la bonne hospitalité qui nous a été donnée à quelques-uns d'entre nous à Aubigny par un vieux soldat qui avait su autrefois ce qu'étaient les fatigues que nous endurions depuis quelque temps.

Nous quittons Aubigny le 10, à trois heures du matin, et nous prenons la direction d'Henrichmont, où nous arrivons dans la soirée. Même campement qu'à Aubigny. Nos pauvres soldats passent encore la nuit dans la neige; ceux qui étaient le plus fatigués enveloppés dans leur couverture, auprès du feu, que se chargeaient d'entretenir ceux qui pouvaient aller chercher du bois.

Nous revoyons à Henrichmont les membres de l'ambulance de l'Allier, qui ne laissaient jamais perdre l'occasion de rendre service à notre régiment. Le lendemain 11, nous quittons cette petite ville et nous prenons la direction de Bourges en passant par les Aix.

Nous avions souvent fait des étapes pénibles, mais jamais nous n'avons autant souffert qu'à notre arrivée à Bourges; partis d'Henrichmont avant le jour, nous n'y sommes arrivés que dans la nuit. Tout était contre nous, nous n'avions plus de vivres, le verglas nous empêchait de marcher, il faisait un froid terrible; l'artillerie qui nous précédait ne pouvait avancer et nous forçait de faire à chaque instant des temps d'arrêt extrêmement pénibles, nous étions littéralement découragés.

Enfin nous sommes sur la route de La Chapelle, à trois kilomètres de Bourges, encore une triste nuit que celle que nous avons passée dans les vignes qui sont à gauche de la route, et qui ont eu, comme le bois de sapins de Salbris, beaucoup à souffrir de notre présence.

Si j'ai bonne mémoire, c'est ce jour-là que nous avons fait une si singulière partie de chasse pendant la grande halte.

A peine les faisceaux étaient-ils formés qu'un malheureux lièvre, abrité par quelques genêts, quitte son gite et charge contre ses ennemis, qui exécutent un mouvement tournant. Peut-être pensait-il pouvoir percer les lignes ennemies Il n'en fut rien; au moment de les franchir, il recule épouvanté et vient sur un autre point essayer la même tentative. Même échec. Peut-être était-ce une feinte, car il changea immédiatement de tactique et fit mainte et mainte course en sens divers.

Bref, il vint passer auprès d'un petit groupe dont je faisais partie et qui se trouvait précisément là pour lui couper la retraite. Il reçut un vigoureux coup de canne qui le fit de nouveau changer de direction. L'infortuné vint se jeter sur moi; j'eus la barbarie de le prendre au vol.

Après avoir reçu le coup du lapin, le pauvre lièvre fut mangé en gibelotte. Est-ce possible, allez-vous dire ?... Que voulez-vous, en temps de guerre !...

Le lendemain 12, nous quittons notre bivouac, et nous partons pour Mehun, en passant par Marmagne.

Nous arrivons à Mehun dans la soirée, et nous y passons la nuit, toujours dans la neige. Le lendemain 13, nous recevons l'ordre d'aller à Vierzon, où nous arrivons dans la soirée.

Vierzon était occupé par les Prussiens le matin même de notre arrivée; mais il n'en restait plus un seul quand nous entrâmes dans la ville. Les gardes nationaux, heureux de voir l'ennemi éloigné par notre arrivée en force, faisaient la haie de chaque côté de la route que nous parcourions, les uns armés du vieux flingot à pierre, d'autres de fusils de chasse, de piques, etc., etc., toutes armes qui avaient probablement pu être soustraites aux Prussiens en 1815, ou que les habitants avaient pu sauver vers cette époque.

Voilà bien des noms qui paraissent pour la première fois : Bourges et la route de La Chapelle, Mehun, Vierzon.... L'habitude que nous avions de retourner partout où nous étions allés nous faisait présumer que nous ne serions pas longtemps sans revenir, soit à Bourges, soit à Mehun. C'est précisément ce qui arriva; car, après avoir campé pendant trois jours à Vierzon, nous reçûmes le 16 décembre l'ordre de partir pour Mehun ; seulement, au lieu de camper dans la neige, nous cantonnâmes dans des fermes voisines, ce qui permit enfin aux soldats de se reposer de leurs longues fatigues.

Chacun de nous peut se rappeler les deux bons jours que nous avons passés au château de Beauvoire, à deux kilomètres de Mehun. C'est là qu'eut lieu cette cérémonie religieuse si imposante : la messe au camp, célébrée par notre brave aumônier, et en présence de tout le régiment. C'est encore là que beaucoup d'officiers reçurent des récompenses si bien gagnées, ce qui nous a procuré l'occasion de nous réunir au château et de passer une si agréable soirée, la meilleure certainement de toute la campagne.

Cependant l'ordre de quitter Mehun ne se fit pas longtemps attendre, et le 19 nous quittions Beauvoire pour revenir à Bourges, et nous venons camper sur cette même route de La Chapelle (ferme Miton), où huit jours avant nous bivouaquions dans la neige. — Toujours des feintes !...

Enfin, après avoir passé deux jours sur la route de La Chapelle, nous recevons l'ordre de revenir..... à Vierzon. Nous l'avions prévu, presque sans crainte de nous tromper.

Notre bataillon cantonne à Vierzon-Village où il resta quelques jours, et où l'état-major reçut si bonne hospitalité dans une maison occupée quelque temps auparavant par des officiers prussiens.

Le 30 décembre nous quittons Vierzon pour aller à Vignon-sous-Barangeon, charmant petit pays où nous cantonnâmes encore pendant les journées du 31 décembre, du 1er et du 2 janvier. Le 3, nous recevons l'ordre de revenir. . . . .

. . . . de revenir à Vierzon reprendre les cantonnements que nous occupions quatre jours auparavant. Ce n'était plus une feinte, car le 4 janvier nous montions en chemin de fer à Vierzon même et nous partions pour Besançon.

Dr H. D.

FIN DE LA CAMPAGNE DANS LE CENTRE.

CAMPAGNES DANS L'EST.

CAMPAGNES DANS L'EST.

Nous avions été prévenus, le 2 janvier, que le lendemain nous prendrions le chemin de fer à Vierzon et que nous partirions pour Besançon. Notre régiment reçut, en effet, l'ordre de se tenir prêt à partir à huit heures, et à l'heure dite nous étions enfermés dans la cour de la gare et n'attendions que le signal du départ. Malheureusement, nous l'attendîmes longtemps ; à deux heures, nous étions encore à la même place, dans la neige et sans feu.

Enfin, nos pauvres soldats montent dans des voitures ordinairement destinées à transporter les bestiaux et nous partons pour Nevers, où nous revoyons quelques-uns de nos chers compatriotes qui avaient eu avis de notre arrivée. Nous ne nous y arrêtons que quelques instants, prenons l'embranchement de Chagny, passant par Imphy, Decize, jusqu'à Remilly, où le train nous fit faire une halte de dix heures. Bref, nous arrivons à Besançon le 6 janvier, c'est-à-dire deux jours et trois nuits après notre départ de Vierzon. Nous y faisons une halte de quelques minutes, et nous partons pour Clerval, où nous arrivons le soir et où nous passons la nuit dans les wagons.

Malheureusement, beaucoup des nôtres furent obligés de s'arrêter à Besançon. Plusieurs avaient les pieds gelés, conséquence inévitable de ce long trajet fait pour ainsi dire en plein air et par un froid glacial.

Il est difficile de parcourir un plus ravissant pays que cette partie de la Franche-Comté où serpente le Doubs, bien pourtant que nous ne voyions cette charmante vallée qu'à l'époque la plus ingrate de l'année. Je recommande aux touristes le voyage de Besançon à Clerval, en suivant les bords du Doubs.

Enfin, nous descendons de wagon et nous nous dirigeons vers le Doubs, que nous devions traverser. Malheureusement, le pont avait été coupé, et nous fûmes obligés de passer la rivière en barque, manœuvre qui dura une partie de la journée.

Immédiatement en face du pont du Doubs se trouve un rocher extrèmement pittoresque. Quand tout le régiment fut sur l'autre rive, nous partimes pour Anteuil, où nous devions cantonner, et nous suivîmes une fort jolie route au milieu des montagnes. (7 janvier.) Tout le régiment s'y trouva réuni, et nous y restâmes quelques jours. Le 8 janvier, j'eus l'oc-

casion de faire une petite excursion au milieu des
montagnes. Il est difficile de trouver un plus charmant pays. Montagnes, rochers, gorges, etc., etc.,
rien n'y manque. Nous passons les journées du 9 et
du 10 à Anteuil ; le 11, nous recevons l'ordre de le
quitter pour nous rendre à Dambelain. Je ne voyais
pas ces ordres d'un aussi mauvais œil qu'autrefois,
quand nous parcourions en tous sens le Loiret et le
Cher, car la Franche-Comté est un des pays les plus
hospitaliers que je connaisse. Joignez à cela le plaisir
de parcourir un des pays les plus pittoresques, et on
oubliera facilement le froid et les neiges qui, elles
aussi, ont bien leurs charmes (mais à un point de vue
plus militaire), car elles donnent à ces pays de montagnes un singulier aspect.

Les constructions de la Franche-Comté diffèrent
beaucoup de celles de notre pays. La façade principale des maisons est toujours sur le pignon, et au-
dessus de la porte principale se trouve généralement
une inscription ou un petit motif sculpté reproduisant
une légende. (La saint Hubert est le motif que j'ai vu
le plus souvent reproduit.)

Les clochers des églises et des temples sont aussi
bien différents des nôtres ; le clocher est ordinairement
une tour carrée surmontée d'un petit clocheton à pans
coupés et couvert de tuiles de diverses couleurs. Les
angles du clocher, comme ceux des maisons d'habita-
tion, sont toujours en métal.

Presque partout, même dans les maisons de la plus modeste apparence, on trouve des objets d'art. Les ouvrages en bois sculpté y abondent. J'y ai vu des meubles extrêmement remarquables, ce qui dénote un goût artistique très-développé en Franche-Comté.

Nous arrivâmes à Dambelain dans la soirée du 11 ; nous y fimes la grande halte et nous repartimes pour Neuchâtel, tout petit endroit qui n'est guère éloigné que de 18 ou 20 kilomètres de la Suisse.

Plus nous allions, plus les neiges étaient abondantes; La route d'Anteuil à Dambelain est des plus pittoresques ; déjà la végétation changeait, et on commençait à rencontrer çà et là quelques bois de sapins si abondants en Suisse, et dont le feuillage vert sombre contrastait tant avec ce fond de neige.

A peine arrivés aux fermes où nous devions cantonner, nous recevons un singulier ordre (recommencerions-nous la même série de mouvements qu'autrefois dans le Centre ?), nous recevons l'ordre de partir à Anteuil, nous obéissons, et y arrivons à onze heures du soir.

Quel voyage ! Un pied de neige et un vent glacial ! nous en avions jusqu'aux genoux, et nous souffrions beaucoup des tourmentes qui nous fouettaient la figure et nous glaçaient.

Le lendemain 12, nous quittons de nouveau Anteuil pour nous rendre — encore des feintes — pour nous rendre à Clerval, où nous étions quatre jours auparavant ; nous ne nous y arrêtâmes qu'une demi-journée. Nous repassâmes le Doubs en barque, et nous attendimes des ordres.

J'eus occasion de voir à Clerval deux uhlans qui avaient été faits prisonniers ; tous deux étaient du 3e ban de la landwehr, tous deux mariés et pères de famille ; l'un d'eux avait sur lui les photographies de sa femme et de ses enfants. Tous deux disaient : « Nous bien contents, revoir femme, enfants. » Mais passons.

Nous recevons l'ordre de quitter Clerval et d'aller coucher à Fontaines. Parlez-moi du curé de Fontaines : Quel excellent homme ! Jamais plus cordiale hospitalité ne nous a été offerte. Il m'avait fait promettre de lui envoyer un revolver prussien................. Je n'ai pu tenir ma promesse. Chemin faisant, nous ne cessions d'entendre les détonations du canon de Belfort ; nous nous approchions de plus en plus de l'ennemi, et nous pensions être engagés d'un instant à l'autre.

Nous étions cantonnés dans le village de Fontaines, et nous comptions y passer la nuit du 12 au 13 ; mais, vers deux heures du matin, nous recevons l'ordre de partir, et nous prenons la direction de Sainte-Marie en passant par l'Isle-sur-le-Doubs.

C'est à partir de cette époque que nous avons eu le plus à souffrir des privations et du froid. Quelle route ! Les soldats ne gravissaient qu'avec la plus grand'peine ces longues montagnes dont l'accès était rendu plus difficile encore par le verglas et les neiges. Enfin, nous arrivons à Montenois.

Chacun de nous se souvient de ces magnifiques mouvements opérés par nos troupes, mouvements que nous observions si bien de la côte où nous étions postés et qui s'exécutaient entre Montenois, Sainte-Marie et Arcey. Le soir, nous entrons à Sainte-Marie, d'où nous avions chassé les Prussiens, qui avaient perdu quelques-uns des leurs par nos balles.

Encore un bien triste spectacle que l'entrée de ce petit bourg le 13 janvier. Nous cantonnons là, et nous y passons la nuit du 13 au 14. Le soir, je suis allé jusqu'à Saint-Julien. De chaque côté de la route, je vis quantité d'objets d'origine prussienne qui avaient été abandonnés par l'ennemi dans sa fuite précipitée. Il y avait quelques cadavres à l'entrée d'un petit bois qu'on traverse pour aller de Sainte-Marie à Saint-Julien. Je revins le soir même à Sainte-Marie, et nous y passâmes la nuit.

Partis de bonne heure le 14 pour nous rendre sur les hauteurs de Saint-Julien, nous bivouaquons dans la neige, heureusement tout près d'un bois qui nous a été du plus grand secours, et d'où nous entendions distinctement le canon de Belfort. Vers quatre heures, nous quittons notre position pour descendre à Saint-Julien, où nous devions passer la nuit.

Notre régiment était déjà cantonné, lorsque, vers cinq heures, le bruit court que les zouaves s'étaient trop avancés, qu'ils avaient été repoussés et qu'il fallait aller à leur secours.

Nous remontons de suite à la position que nous venions de quitter, et nous nous rendons à notre bivouac du matin. Ce n'était qu'une fausse alerte, car une heure après notre nouvelle arrivée sur le plateau, nous recevons l'ordre de revenir à Saint-Julien, où nous ne fûmes plus inquiétés pendant la nuit.

Le 14, nous en partons de bonne heure ; les trois bataillons de la Nièvre se séparèrent. Le 3e bataillon alla occuper les hauteurs d'Allondans et observa la route qui se déroulait bien au-dessous de lui : nos canons, placés en batteries à notre gauche sur le penchant d'une colline assez élevée, ne cessaient de gronder, et chaque détonation se répétait plusieurs fois dans ces montagnes en produisant un roulement prodigieux.

Le 3e bataillon y passa toute la journée du 14 et la nuit du 14 au 15 dans la neige.

Le lendemain, bien avant jour, nous quittons notre plateau, et nous allons rejoindre le 1er et le 2e bataillon qui bivouaquaient sur la lisière du trop fameux bois de Bétoncourt. Les Prussiens nous lançaient d'énormes projectiles qui venaient éclater a nos pieds et

vers onze heures nous recevions l'ordre de quitter nos
positions et d'aller en avant.

Affaire de Bétoncourt (Lundi 16 Janvier 1871).

Nous parcourons les bois au milieu des obus qui ne
cessaient de pleuvoir et qui ont atteint plusieurs des
nôtres. Enfin, nous arrivons à notre position de bataille, et la fusillade commence. Il est impossible d'imaginer un pareil vacarme. Je m'étais abrité derrière une
petite éminence de terrain d'où je me faisais toutes
sortes de réflexions

Quelle grêle de projectiles!... Quel concert!... La détonation des canons, celle des obus qui éclatent, le
sifflement des balles, les branches d'arbres fracassées
par les éclats, le crachement de nos mitrailleuses
qui étaient à notre droite, et le son du clairon qui
sonnait la charge, tout cela est effrayant ! C'est à Bétoncourt que le bataillon de Savoie et son brave
commandant se sont si bien conduits. Oh ! qu'il les a
bien mérités, les éloges qu'il a reçus, mais qu'il les a
payés chers !.....

Nous ne pouvions tenir, et l'ordre de battre en
retraite ne se fit pas attendre longtemps.

Nous prenons d'abord la direction d'Allondans, où un grand nombre de nos blessés avaient été transportés, et nous recevons là l'ordre de reprendre les positions que nous occupions avant cette triste et sanglante affaire.

Je restai à Allondans, où j'eus l'occasion de donner des soins à un grand nombre de blessés; presque toutes les maisons en abritaient. J'y ai passé toute la journée du 17, et vins rejoindre mon bataillon le 18 au matin, ayant appris que le régiment devait faire un mouvement.

Je revis dans le ravin cette petite baraque abandonnée où on avait provisoirement déposé les morts.

Nous apprenons dans la soirée du 18 que nous devons quitter dans la nuit la position que nous occupions.

Nous recevons en effet l'ordre de départ à deux heures après minuit et de le faire avec autant de silence que possible, en laissant les feux allumés.

Nous poussons jusqu'à l'Isle-sur-le-Doubs, en passant par Allondans, Langres, Longueville, Médières.

Encore une triste nuit que celle que nous avons passée dans la neige sur le plateau de l'Isle-sur-le-Doubs. Nous y restons la nuit du 19 au 20 et la journée du 20.

A trois heures après midi, nous quittons notre plateau; et nous partons pour Pompières, où nous arrivons dans la nuit. Nous nous y reposons quelques instants, et à trois heures du matin nous partions pour Clerval (c'était la troisième fois que nous y venions). Nous n'avions plus de vivres, et c'est là que nous en reçûmes. A midi, l'ordre nous fut donné de partir pour Baume-les-Dames. Nous avions fait deux kilomètres à peine, lorsqu'on nous fit rebrousser chemin, et nous revînmes sur les bords du Doubs, où nous bivouaquâmes jusqu'au soir

Quand vint la nuit, nous recevons l'ordre de repartir pour Beaume-les-Dames. Quelle étape!... Nous suivons les bords du Doubs; nous avions de l'eau jusqu'à mi-jambe, grâce à la fonte des neiges. Enfin, nous arrivons dans la nuit (22 janvier).

Comme autrefois à Vierzon, on nous dirige dans la cour de la gare, où nous restâmes longtemps sans feu, par un froid de 15° au moins. Enfin, vers minuit, nous montons en wagon, et nous partons pour Byans; nous passons la nuit sur des fourgons pour la plupart découverts. Vers neuf heures, nous arrivons à Byans et n'y restons que quelques instants.

A trois heures, nous partons pour Quingey, où nous passâmes la nuit (23 au 24). Nous pensions y rester la journée du 24 quand, vers midi, on nous donna l'ordre de le quitter.

Nous prenons la direction de Besançon, en passant par Beure; mais je ne pus suivre le régiment plus loin. J'avais jusque-là supporté facilement cette pénible campagne, mais à Beure je fus obligé de m'arrêter, et pendant que mon régiment y allait pour passser la nuit dans la boue, je fus recueilli par une voiture d'ambulance qui me fit conduire jusqu'à Besançon, où je reçus une très-gracieuse hospitalité.

Voilà où se termine ma campagne. Mes amis eurent encore deux affaires : à Sombacourt et à Vaux, où beaucoup d'entre eux furent faits prisonniers.

Pendant que l'armée de l'Est passait en Suisse, j'étais retenu malade à Besançon, où je restai trois semaines.

Le hasard me conduisit, dans cette ville, chez un de mes confrères qui avait eu un fils blessé à Arthenay. Je connaissais intimement, quoique depuis peu de temps, les personnes de Chevilly qui avaient donné des soins à ce brave jeune homme, mort des suites de sa blessure à l'ambulance même de Chevilly, où nous avions soigné des blessés lors de la première affaire d'Arthenay.

Quelques jours après mon arrivée à Besançon, la ville fut bloquée, et je fus obligé d'y rester trois semaines. Toutes les lignes de chemin de fer étaient coupées, toutes les routes gardées par les Prussiens. Cependant survint l'armistice, et, lors des élections, les Allemands laissèrent passer ceux des habitants qui s'en occupaient. J'obtins un sauf-conduit de la préfecture (condition indispensable), et, me procurant bon nombre de listes de candidats, de professions de foi de tous genres et de toutes couleurs, me voilà agent électoral

improvisé. Je mis mes habits militaires en caisse
(autre condition urgente), et je pris la route de Morteau. Que de précautions inutiles : les Prussiens
avaient quitté la veille la route de Morteau, et je par-
vins en Suisse sans rencontrer un seul Allemand. Je
vis Les Brenets, La Chaux-de-Fonds, Neuchâtel, Lau-
sanne, Genève, Lyon, et je vins terminer dans la
Nièvre mon congé de convalescence et détromper mes
amis, qui avaient appris la nouvelle de ma mort à
Besançon.

Dr H. D.

Déclaration de la Grossesse.

A.P.D.R.

N.º 13   Se vend chez M.ᵉ Moreau, au Palais, Cour du May Hotel de la Trésorerie.

DÉCLARATION DE LA GROSSESSE.

ENGAGÉE depuis peu dans les liens de l'hymenée; Céphise n'en connoissoit que les plaisirs. Elle devient triste & rêveuse; un mal-aise continuel, un délabrement de santé *inquiétant*, la mettent dans un état tout nouveau pour elle. C'est le commencement d'un période de tems, pendant lequel elle vantera plus d'une fois les avantages du célibat. Céphise n'a pas encore deviné la cause de ses peines, & n'a cependant osé les confier à personne. Elle souffre depuis vingt-quatre heures : ses soupçons n'ont pu détruire ses allarmes. Il est naturel qu'elle choisisse pour confidente, celle à qui elle doit le jour : un billet l'a instruite de l'état de sa fille. Elle accourt, accompagnée d'un habile Esculape.

La Médecine semble n'avoir de droits que sur les maux réels qui affligent notre corps. Si son empire étoit ainsi limité parmi nous, notre Université perdroit beaucoup de son lustre. La fortune la sert mieux ; & graces à l'oisiveté & au luxe, il nous faut des Médecins de deux espèces. Les uns, & ce sont les premiers sans doute, les plus favorisés, les plus accrédités, ont étudié un art bien plus difficile que celui de Gallien & d'Hippocrate. Ces fondateurs de la Médecine ont pu faire des cures merveilleuses, exceller dans la connoissance des maladies, de leurs crises, & des remèdes qui leur conviennent, mais ils n'ont pas prévu que le *bon ton* pouvoit, aussi bien que le désordre de l'économie animale, être la source de maux qu'il faut combattre. Ceux de la première espèce leur ont échappé. Leurs savans Traités n'indiquent point la marche qu'il faut tenir, pour obtenir l'accès des maisons opulentes, & pour se rendre agréable aux Femmes à la mode : on n'y apprend pas à tâter le poulx avec grace, à disserter avec élégance sur des maladies imaginaires, à prescrire avec un air d'importance, l'usage de remèdes très-chers, très-vantés & très-inutiles. Une belle Dame peut supporter aisément les fatigues de plusieurs nuits passées au bal & au jeu : Un mari est-il assez peu raisonnable pour blâmer des dépenses excessives, s'opposer à une démarche imprudente, ou exiger que ses amis soient bien venus chez Madame ? sa santé ne résiste pas à de semblables contradictions. Le Médecin est appellé : A quoi lui serviroit dans cette consultation, l'érudition la plus profonde, & la pratique la plus exercée sur le traitement des maladies décrites par les anciens Auteurs ? Les avantures du jour, la critique d'une Piéce nouvelle, celle des Femmes *sur le trotoir*, un baiser sur une main dont on feint de tâter le poulx, l'ordonnance d'une potion *innocente*, dont on doit *revenir voir l'effet ;* voilà ce qui remplit le tems d'une courte visite, & en prépare d'autres.

Il est une seconde espèce de Médecins moins employés que ceux dont nous venons de parler. De stériles travaux réduisent leur gloire au salut de quelques misérables qu'ils arrachent des portes du tombeau. Si par fois des gens opulens les consultent, ce n'est que dans des cas vraiment importans, où les Docteurs du bon-ton, incertains & effrayés, les appellent au secours de leur ignorance. La mere de Céphise a cru que l'état de sa fille demandoit les conseils éclairés d'un bon Praticien : on le reconnoît au peu de soin qu'il a pris de sa parure, & à l'ennui que la solidité de ses raisonnemens fait éprouver à la jeune Dame. Il annonce les suites heureuses d'une alliance dont l'objet a été de soutenir le nom d'une famille illustre, & de le propager sous les auspices de Plutus.

La jeune Sœur de trop à cette intéressante conversation, est renvoyée : son geste indique qu'elle a deviné l'objet de la visite du Médecin.

Les Précautions

Les bonnes gens ne connoiffent pas tous les défagrémens de l'état où fe trouve Céphife. Par combien de facrifices n'achete-t-elle pas le plaifir de tenir maifon, & de couvrir d'un grand nom, celui d'une famille qui n'avoit d'autre éclat que celui des richeffes? A peine a-t-elle gouté la fatisfaction de préfider à une fociété agréable dont tous les foins fe rapportoient à elle, qu'elle s'en trouve privée. Les incommodités attachées à fa fituation, le régime qu'elle doit obferver, les graces qu'elle a perdues, & mille autres raifons l'ont réduite à la compagnie d'un mari & de parens proches. Que faire, & comment paffer fon tems? La petite vanité connoît des reffources dans toutes les circonftances. Les vieilles & les malades font dévotes. Céphife l'eft devenue; elle va fouvent à l'églife. Une chaife à porteurs ornée avec richeffe & avec gout; de grand laquais traînant une livrée magnifique; un fac d'un velours éclatant, couvert de broderie, & renfermant des heures de l'édition la plus belle, & d'un volume immenfe : voilà où Céphife place fon luxe. Croyez-vous que *le négligé* de fa toilette, n'ait pas fon intention de coquetterie? Céphife n'ignore pas combien un air fouffrant infpire d'intérêt.

Le jeune époux femble glorieux du nouveau titre que Céphife lui prépare : Il eft en ces momens fon Chevalier le plus affidu. Un proche parent en *élégante chenille*, accompagne le couple devôt. Sa coëffure paroîtra affez finguliere, pour que nous en tracions l'hiftoire.

Dans tous les tems, les François ont attaché beaucoup d'importance à l'arrangement de leurs cheveux. Les longues chevelures ont diftingué les Rois & les Grands : elles ont été tour-à-tour fupprimées & adoptées. La taille des cheveux a été l'objet d'un grand nombre de loix, & a occafionné des difputes vives où le Clergé a pris une grande part. Cette matiere a agité plufieurs Conciles, & a excité l'attention des Princes de l'Eglife. Cependant plufieurs fiècles fe font écoulés, fans qu'on ait eu l'idée de la frifure : les toupets étoient féparés ou rabattus fur le front. Les anciens Chevaliers les rafoient, foit pour n'être pas faifis par les cheveux, s'ils perdoient leurs cafques dans le combat, foit qu'ils les trouvaffent incommodes fous leur armure. Une mode finguliere, qui regna quelque tems, fut celle des coëffures en queues : tous les cheveux étoient divifés en un grand nombre de queues formées de rubans de diverfes couleurs. Enfin les Femmes renoncerent aux coëffures immenfes qui leur enveloppoient la tête : elles donnerent l'exemple de la frifure, & intro-duifirent l'ufage de la poudre. Les cheveux des Hommes étoient flottans fur les épaules; on les attacha avec une rofette. On imagina pour le voyage & pour le tems de pluie, un petit fac où on les renfermoit. La *Bourfe* eft devenue enfuite, comme elle eft aujour-d'hui, un ajuftement de cérémonie; la queue, la treffe, la cadenette, ont été réfervées aux Militaires. On a inventé les *Catogans*, pour *le négligé* ou *la chenille*; & depuis quelque tems on a ramené à ce genre de toilette, l'ufage de la bourfe. Il eft vrai que la grandeur en a été extrêmement réduite : on lui a donné une forme ronde, à peu près femblable à celle des *Bigorieres* dans lefquelles nos ancêtres confervoient pendant la nuit, leurs barbes préparées avec des cires colorées. Ces extraits de Bourfes ont pris le nom de *Crapauds*.

J'en accepte l'heureux présage.

J'EN ACCEPTE L'HEUREUX PRÉSAGE.

COMMENT pourrions nous nous fouftraire à l'empire de la mode? Avant notre naiffance même on prépare les chaînes qui doivent nous y foumettre. On nous les fait porter dès que nous voyons le jour.

Ce qu'on appelle *Layette* eft un affemblage de brimborions deftinés les uns à vêtir l'enfant & à le parer, les autres à l'étouffer par une chaleur immodérée, à l'empêcher de faire ufage de fes membres, & à les meurtrir par de fortes compreffions. La Nature s'étoit fi bien acquité de fa befogne jufques à ce moment, pourquoi ne pas continuer à la laiffer faire? Il femble que nous ayons promis de la contredire fans ceffe, & d'arrêter fa main à chaque bienfait qu'elle veut répandre fur nous. La mode commence enfin à fe rapprocher d'elle, & à vouloir qu'on garotte un peu moins les enfans que les criminels.

Céphife & fon Epoux choififfent les ajuftemens qui doivent décorer l'enfant dont on attend la venue. La Lingere en a apporté de toute efpèce : le premier objet fur lequel on a mis la main, eft un *Bonnet de garçon.* Les jeunes Epoux fe réjouiffent de cet heureux préfage.

N'ayez pas peur, ma bonne Amie.

A.P.D.R.

CETTE opération si simple, si naturelle, on est parvenu à la rendre pénible & dangé-
reuse. Céphise ne sauroit envisager sans effroi l'instant où elle deviendra mere. La Marquise
la rassure : — » N'ayez pas peur, ma bonne amie; vous vous faites un fantôme de cela,
» & c'est la plus petite chose du monde : on souffre un peu; & quand tout est passé,
» on n'y pense plus. Voyez-moi; diroit-on que quatre fois j'ai été mere? J'ose me
» flatter que mes charmes n'ont rien perdu de leur éclat. Comme vous d'abord j'ai fait
» l'enfant; cela me tracassoit, m'inquiétoit; & jugez si avec la délicatesse dont je suis....
     L'ABBÉ. — » D'honneur, Mesdames, vous êtes *incroyables :* Pensez-vous qu'il ne doive
» se trouver que des roses sous vos pas? Eh mais ! en conscience, vous n'êtes pas mal
» partagées : Vous êtes l'objet des adorations de tous les mortels; & vous avez la noble
» & importante commission de fournir des hommes à la société.... *CÉPHISE*. — » A la
» société ! Cela vous est bien aisé à dire à vous autres : vous en avez tous les bénéfices,
» sans participer aux charges..... *LA MARQUISE*. — » Mais, en vérité, ces Abbés
» sont admirables ! Et de quoi cela se mêle-t-il?........ On tombe sur le corps de
l'Abbé; il est accablé d'épigrammes, & l'on oublie les maux & les inquiétudes.

C'est un Fils, Monsieur!

C'EST UN FILS! MONSIEUR.

QUEL eſt l'homme aſſez barbare, ou peut-être aſſez *civiliſé*, pour voir ſans émotion; éclore le petit Etre qu'il a procréé? Je ne ſais pas bien cependant ſi cet amour paternel que la nature a placé dans le cœur des animaux les plus féroces, eſt le ſentiment qui affecte le plus Ergaſte en ce moment. L'amour n'a point préſidé à ſon union avec Céphiſe; elle a été *arrangée* d'après des convenances de famille, des motifs d'intérêt. Cet Enfant lui aſſure la jouiſſance de gros biens; c'eſt un héritier pour les noms & armes d'une famille illuſtre, qui étoit prête à s'éteindre : Sa venue eſt célébrée par de grandes acclamations; les jeunes Epoux recevront des complimens de toutes parts. Si ç'eût été une fille, on y eût à peine penſé.

On voit regner dans le Cabinet d'Ergaſte, ce gout des Arts qui caractériſe & honore notre ſiècle. A meſure que les Sociétés ſe policent, quand le luxe y a fait de grands progrès, l'art gagne d'un côté ce que la nature perd de l'autre. On regarde celle-ci de ſang froid; on s'extaſie devant un tableau qui la repréſente fidelement. La vue d'une campagne enrichie des dons les plus précieux de la nature, & éclairée par les rayons de l'aſtre bienfaiſant qui la fertiliſe, ne dit rien à l'homme des villes. Ces objets lui ſont-ils offerts ſous le pinceau de *Claude Le Lorrain*, de *Van Uden*, il eſt hors de lui-même; il ſe livre à l'enthouſiaſme. Une fête de village, la gaieté libre & franche d'un peuple qui a échappé à la corruption du ſiècle, la vie frugale & les amours des champs; tout cela ennuie les gens du bon ton; de tels ſpectacles même leur répugnent, en réalité : Ils achetent à grands frais les tableaux qui les retracent, quand ils ſont de la main de l'inimitable *Teniers*, d'*Oſtade*, de *Greuze*, &c. Bientôt les belles actions même, les exemples de vertus, ne ſeront plus admirés qu'en peinture. Voilà où nous conduiſent la mode, l'oſtentation & le luxe. Cette même mode ne nous permet pas d'aimer également les chef-d'œuvres de tous les Artiſtes qui ont réuſſi à imiter parfaitement la nature. Le mérite de tel Peintre, peut être égal à celui de tel autre; mais il nous eſt preſcrit de porter au prix le plus haut, les ouvrages de celui-ci, & de rechercher peu ceux d'une autre main. Avouons cependant avec plaiſir, que les préjugés de cette eſpèce, ſous leſquels languiſſoient les Arts, ſe détruiſent de jour en jour : On commence à eſtimer les grands talens, & à les apprécier partout où ils ſe trouvent.

Les petits Parains.

A.P.D.R.

Ma Bonne, fuis-je jolie comme cela? ai-je bonne grace? Voilà les queftions qu'Aurore fait à fon habile Inftitutrice. Ce font celles que doit faire néceffairement une jeune Demoifelle à qui on répète fans ceffe, *tenez-vous droite, ne faites pas la moue, où font vos bras?* Une Femme qui a reçu une telle éducation, femble à chaque inftant de fa vie, faire les mêmes queftions. Heureufes celles dans l'efprit defquelles on n'a pas étouffé toute autre idée !

Le jeune Chevalier eft très-bien élevé, c'eft-à-dire, il eft *galant*, il donne la main d'une maniere aifée, il a toujours de jolies chofes à dire aux Dames, & il étudie avec ardeur tout ce qu'il faut favoir pour leur plaire. Il y réuffira fans doute, & c'eft affurément un grand bonheur. Mais plaignons-le, fi fon Gouverneur ne lui apprend pas que ce n'eft pas le feul auquel on doit afpirer.

Aurore & le jeune Chevalier vont préfenter le nouveau né à l'églife. Deftinés l'un pour l'autre dès la plus tendre enfance, on entretient entre eux cette amitié à laquelle fuccédera, à ce qu'on efpère, un fentiment plus tendre. Ces difpofitions prématurées ont été fuggérées par des convenances de famille. Malheur à eux, fi leurs cœurs s'y refufent, ou fi le changement des circonftances s'oppofe à l'exécution de ces vues!

Les Voitures de ville étoient très-rares le fiècle dernier : on n'en connoiffoit que de deux efpèces; les caroffes à quatre, & ceux à deux places. On voyageoit à pied dans les rues; les gens riches, les Femmes même fe fervoient de mules. Maintenant le nombre des caroffes eft extrêmement multiplié, & leur forme eft très-variée. Depuis quelque tems on a adopté les caroffes à l'angloife, remarquables par le bruit fingulier que font les feuilles de leurs refforts, lorfqu'ils roulent. Ces voitures font pour Paris, pour les Dames & pour les vifites du foir. Le matin on court en cabriolet; on va en campagne en calêche ou dans un phaëton; l'hiver on fe promene en traineau; à la Cour on fe fert de chaifes à porteurs.

Les Délices de la Maternité.

A. P. D. R.

Un malheur attaché à l'opulence, c'est l'habitude de ne prendre aucune peine. Les gens riches ne marchent point; on les traîne : ils empruntent jusques à l'esprit des autres, & voudroient, pour ainsi dire, s'éviter même la fatigue de penser. L'exemple entraîne ceux que la fortune sembloit destiner à jouir des avantages de la pauvreté : voilà le plus grand danger du luxe. Parmi les Peuples où il a fait des progrès, un des premiers effets de la molesse qu'il enfante, a été l'usage des Nourrices mercenaires. Les philosophes se sont de tout tems élevés contre cet abus. » Pensez-vous, disoit Favorin à une Dame Romaine, » pensez-vous, Madame, que ces globes séduisans qui parent votre sein, ayent été arrondis » par la main des graces, pour être l'ornement du sein; & ne savez-vous pas qu'ils furent » placés par la nature, pour être la ressource des nouveaux nés? « L'intérêt des Femmes elles-mêmes leur prescrivoit de nourrir. Que de plaisirs elles abandonnent en échange de peines cruelles, de maux incurables qui empoisonnent la vie de celles qui ont voulu se soustraire à ce devoir si doux à remplir! Dans le siècle de la frivolité, on a vu des Femmes vaincre tous les obstacles pour s'y livrer. A quoi doit-on attribuer ce phenomène étonnant? on aura peine à le croire; la mode l'a voulu ainsi. On a porté des robes à l'angloise; on s'est coëffé en plumes; on a allaité ses enfans soi-même. Cette révolution a été lente à s'opérer. A la premiere proposition qui leur a été faite d'un remède tout nouveau, nos Femmes les plus délicates ont bien pû se resoudre à faire sur elles les expériences que Mithridate avoit tentées sous un point de vue tout différent. Des médicamens composés de poisons violens, n'ont pas tardé à acquérir la vogue; mais il n'en a pas été de même de l'usage d'allaiter. La mode s'est refusée longtems à servir en cela la nature; les Femmes ont été effrayées de cette occupation, & les maris les plus complaisans ont résisté à celles que la mode naissante entraînoit. Puisse le tableau qu'on offre ici à leurs yeux, achever de détruire leurs préjugés!

Femmes qui rejettés ces plaisirs, que vous connoissez mal les prérogatives de votre sexe! Céphise ne changeroit pas son bonheur contre les illusions brillantes auxquelles vous êtes livrées. Ce bosquet est pour elle un séjour bien préférable à ces lambris dorés, sous lesquels on court sans cesse après de fausses jouissances. Une satisfaction pure & sans nuage, une santé sans altération; voilà sa récompense. Tout est content autour d'elle; la nature lui applaudit.

L'accord parfait.

A.P.D.R.

Des Philofophes ont prétendu que l'amour-propre étoit le mobile de toutes nos actions. Il feroit déplacé d'entrer ici dans une difcuffion férieufe fur cette affertion ; mais nous pouvons préfumer que ce fentiment feul a infpiré le gout de la Harpe à notre Héroïne. Ceux qui trouvent tant de plaifir à l'entendre, feroient bien duppes de croire que c'eft pour leur amufement, qu'elle s'eft donné tant de peine à étudier la mufique. Le defir de plaire a fans doute été l'aiguillon qui a excité fon courage à furmonter les dégoûts de cette étude : mais ce defir même eft une infpiration de l'amour-propre. Ceci nous donne occafion d'examiner à quelles caufes la Harpe doit la grande vogue dont elle jouit maintenant, & la préférence que nos Élégantes lui donnent fur les autres inftrumens. La Harpe, même jouée médiocrement, rend des fons harmonieux ; un air appris par une écoliere, novice encore, plaît à ceux qui l'écoutent, fans qu'ils puiffent juger exactement du dégré de talent auquel la perfonne qui l'exécute eft parvenue. Ces fons agréables accompagnent fa voix d'une maniere avantageufe, & la foutiennent : en s'y mêlant, ils en augmentent le charme & en couvrent les défauts. Ce n'eft pas tout : voici le véritable fecret des fuccès de la Harpe. Quelle attitude eft plus favorable, eft plus propre à faire valoir de féduifans attraits, que celle d'une Femme aimable qui en joue ? Que de graces elle donne à Céphife occafion de déployer ! Une main, un bras moëlleufement arrondi ; une tête voluptueufement penchée ; la blancheur de la peau, relevée par la couleur puce de la Harpe fur laquelle Céphife s'exerce ; que de motifs en faveur de cet inftrument ! D'un autre côté cependant, ayez de l'indulgence pour les fautes que peut faire Céphife ; fes diftractions en font la caufe : Son attention eft partagée entre la mufique & les réflexions charmantes que lui fuggere l'effet de fes attraits qui paroiffent avec tant d'avantage. Voyez combien de peine elle a à faifir un paffage dont un Amateur, auffi diftrait lui-même, cherche à lui faire connoître la pofition !

Cette occupation a donné l'occafion d'expofer un genre d'habillement qui eft devenu, dans l'intérieur des maifons, à la mode depuis quelques années. Le *Peignoir* étoit autrefois confacré exclufivement à la toilette ; maintenant nos belles Dames le rangent au nombre des déshabillés galans. On a des Peignoirs deftinés à recevoir la Poudre ; il en eft d'autres faits avec la plus fine mouffeline, & garnis avec le gout le plus recherché, qui ne fervent jamais à l'ufage pour lequel ils ont été inventés.

Le Rendez-vous pour Marly.

A.P.D.R.

LES RENDEZ-VOUS POUR MARLY.

Il étoit tems que les Femmes se rappellassent l'usage auquel leurs jambes ont été destinées :
elles commencent enfin à se douter qu'elles sont propres au moins à leur procurer l'agréable
& le salutaire exercice de la promenade. Céphise & son amie partent en petites robes pour
Marly, où elles jouiront pleinement de tous les agrémens que leur offre le retour de la
belle saison. L'idée leur est venue de les goûter d'avance : elles ont envoyé leur carrosse
au *pont tournant ;* elles ont traversé sans peine le jardin des *Thuilleries.* Ç'eût été une entre-
prise téméraire pour beaucoup d'autres.

Ces deux meres ne l'ont point été à demi : elles n'ont point repoussé dès leur naissance,
les enfans qui leur doivent le jour. Il n'appartient qu'à de telles meres d'imaginer que la
compagnie de petits Etres si intéressans, peut n'être point importune : ils sont du voyage.
Elles ont pensé aussi que gêner & comprimer ces machines délicates, en arrêter l'action,
& s'opposer au jeu de leurs organes, c'étoit reprendre peu à peu la vie qu'on leur avoit
donnée. Le petit *Achille* & la jolie *Fanny,* n'ont jamais été mis en moule ; la nature seule
a pris soin de leur taille : ils sont bien faits & se portent bien.

Un esprit éclairé & un cœur sensible, ne sont point incompatibles avec le gout des
ajustemens qui font valoir les agrémens de la nature. Céphise & son amie ne dédaignent
point ceux d'une toilette élégante. Le chapeau à la Henri IV, & la robe à la Polonoise,
sont assez généralement l'uniforme de la campagne. Le Cavalier qui les accompagne, est
également en Polonoise. On remarquera la singularité de son chapeau : sa forme est encore
un vol fait à nos voisins.

Les Chapeaux des François n'ont pas éprouvé moins de révolutions, que les autres parties
de leur habillement. Tantôt riches & ornés, tantôt simples & unis, ils ont été ronds ou
pointus, à larges bords ou de modestes calottes. On a ignoré longtems l'art si utile aujour-
d'hui, de se découvrir la tête avec grace ; *on rejettoit tout simplement le chapeau par derrière,*
& deux cordons le retenoient. On n'a pensé à en relever les bords, que dans le quinzième
siècle : on en a roulé seulement une partie, & peu à peu on les a *retroussés* comme ils le
sont maintenant. L'imagination des Chapeliers s'est exercée sur la largeur & la disposition
des cornes des chapeaux : on s'est fixé, en attendant une nouvelle idée, à l'usage adopté
par les Suisses, d'avoir la pointe antérieure très-petite & très-relevée, & les deux cornes
de côté excessivement larges.

Dessiné par J. M.l Moreau le jeune

a. Gravé par de Launay le jeune en 5...

Les adieux.

A.P.D.R.

N.o 22.

CÉPHISE a rendu à fon époux & à fa famille, ce qu'elle leur devoit. L'oferons-nous dire ! il lui reftoit à payer un tribut à la fragilité de fon fexe. La confcience intérieure d'une conduite fans reproche, l'orgueil de la vertu, nous rendent plus faciles à féduire ; & peut-être n'eft-on jamais plus près d'une foibleffe, que quand on a fçu plus longtems s'en garantir. La fécurité d'une ame munie d'un triple airain contre la corruption du fiècle, eft la premiere arme dont le vice fe fert pour en triompher. L'amour maternel eft le feul auquel le cœur de Céphife fe foit encore ouvert : elle n'a pas d'idée de cette paffion dont les romans lui ont fait une peinture qu'elle a pris pour les écarts d'une imagination poëtique ; & jamais elle n'a attribué qu'à un gout méprifable de libertinage, ou à une folie rifible, les égaremens dans lefquels un violent amour a entraîné des femmes qu'elle a connues. Céphife fera bientôt plus indulgente : Plus elle a été févère, plus elle redoutera le jugement des autres & le fien propre. Les froideurs d'un mari qui a gouté tous les fruits de l'hymen, ont fait naître dans le cœur de Céphife une efpèce de dépit, qui eft prefque toujours la premiere fource des fautes auxquelles les circonftances entraînent fouvent les Femmes les plus vertueufes. Ce qu'on appelle dans les ménages, *bons procédés*, ne fuffit pas à l'époufe qui n'a même jamais aimé. Un jeune parent de Céphife, aimable, empreffé, femillant, a paffé près d'elle fix mois qui n'ont paru qu'un jour : le moment fatal où il doit rejoindre fon régiment, eft arrivé fans qu'on y penfe. Les adieux font trop tendres, la féparation trop douloureufe, pour ne pas éclairer Céphife fur l'état de fon propre cœur, qu'elle avoit ignoré jufques-là. Elle ne s'étoit pas encore apperçu du poifon qui couloit dans fes veines ; & la médifance, la calomnie même, avoient déjà répandu leurs couleurs fur cette liaifon. L'habitude que Céphife avoit contractée, de repouffer les plaifanteries qu'on lui adreffoit à ce fujet, contribuoit encore à fortifier fon aveuglement. Le jour même que le Chevalier devoit s'arracher aux lieux qu'habitoit Céphife, elle eft conduite à l'Opéra par fon époux. Elle y va chercher de la diffipation contre les peines fur lefquelles elle n'ofe s'interroger. Céphife arrive à l'Opéra ; & livrée à une préoccupation qu'elle ne peut vaincre, elle fait à peine où elle porte fes pas : la petite loge s'ouvre. Les maris femblent toujours être de moitié avec les hafards favorables aux amans. Le Préfident, tout en donnant la main à Céphife, s'élance pour jouir du fpectacle qui étoit déjà commencé : Céphife fe fent arrêtée par le bras ; une bouche brulante arrache fur fa main la premiere faveur qu'elle fe foit encore permis d'accorder à l'amour. Le trouble qui s'empare d'elle, auroit pu la trahir ; mais l'amour a toujours foin de couvrir de fon bandeau, les yeux des furveillans, & il eft clair-voyant en faveur des amans qui les trompent. Paffons au refte à Céphife une foibleffe qu'elle fe reproche déjà : l'abfence du dangereux adverfaire que fa vertu auroit eu à combattre, rétablira le calme dans fon cœur, en rendant des forces à fa raifon.

La Rencontre au bois de Boulogne

A.P.D.R.

LA RENCONTRE AU BOIS DE BOULOGNE.

On a vû fous les regnes précédens, des danfes, des ballets entiers, exécutés à cheval : il feroit affez plaifant que la mode ramenât ces amufemens. Le goût que nos belles Dames commencent à prendre pour l'équitation, & celui qui convient fi bien à leur fexe pour la danfe, opéreront peut-être un jour cette fingularité.

Céphife aime l'exercice utile & agréable du cheval : elle eft allée avec une Amie s'y livrer au bois de Boulogne. Cette promenade, renfermée dans une vafte enceinte, près de la Capitale, eft le théâtre d'une infinité d'aventures galantes qui fe renouvellent tous les jours. Le bois de Boulogne réunit l'épaiffeur des fombres forêts, & l'agrément des allées alignées avec art. Dans un beau jour on y voit d'un côté, de longues files de carroffes où l'indolence étale tout le fafte du luxe ; de l'autre, le tambourin anime des danfes villageoifes, & les couples amoureux y trouvent en même tems la folitude qu'ils recherchent. Les hôtes de ces bois font rarement effarouchés par le bruit des armes, & la Déeffe de la Chaffe eft négligée dans ce lieu, pour celle des Amours. L'air de ce féjour, n'infpire point les idées fanguinaires de la deftruction : tout y refpire la volupté. La Fortune propice aux amans, y a amené un Cavalier que l'Amie de Céphife n'a pas apperçu fans rougir. On dit cependant qu'il étoit venu là moitié par hafard & moitié tout exprès. Le moment n'eft pas arrivé, où la vertu de Céphife fera mife à l'épreuve : mais comment un cœur tendre peut-il fans émotion, fe trouver en tiers dans une telle rencontre ? Rêveufe, inquiete, Céphife regrette fans doute de n'avoir pas mis le Chevalier de la partie.

La Dame du Palais de la Reine.

A. P. D. R.

LA DAME DU PALAIS DE LA REINE.

Les Dieux ne dédaignent pas d'emprunter quelquefois l'extérieur de simples mortels ; mais un appareil plus imposant les entoure, quand ils veulent paroître avec tout leur éclat. Cette instabilité continuelle, qui caractérise les modes de notre Nation, ne se fait point également ressentir dans le costume des Cours. L'étiquette y conserve d'anciens usages auxquels, sans prévention, on peut reconnoître plus de noblesse & de majesté, que dans toutes les jolies inventions de ce siècle.

Les manteaux des Anciens, ceux dont les Chevaliers recouvroient leur armure, & que les Bourgeois portoient pardessus l'espèce de camisole ajustée à leur taille, ont été sans doute les premiers élémens de l'habit adopté maintenant dans toute l'Europe : on y a ajouté des manches qui ont été tantôt larges, tantôt étroites. Dans un tems où il étoit du bon ton d'avoir une large carrure, on les garnissoit d'épaules factices qu'on appelloit des *mahoitres*. C'est ainsi que la mode des grosses hanches, a donné naissance aux paniers des Femmes ; & c'est pour une raison semblable, que les robes polonoises ont été garnies de coussins épais par derriere. Enfin on a fixé les plis de ces manteaux, on y a joint des poches, & on les a rendus *justes au corps ;* ce qui a donné à nos habits, le nom qu'ils portent. Les camisoles, autrefois larges & commodes, ont également été retrecies & coupées : comme c'étoit auparavant, le véritable habillement qui doit son origine aux *sayes* des Gaulois, elles ont pris le nom de vestes. Les haut-de-chausses ont éprouvé le même sort.

Les robes de Femmes ont également dégénéré de leur ancienne simplicité ; & les Princesses étrangères, en apportant en France quelques-unes des modes de leur patrie, ont contribué à la fréquente révolution de leur forme. Ce n'est guères que dans le quinzième siècle que les Femmes ont pris généralement l'habitude d'avoir la poitrine découverte. Cette mode a été poussée très-loin, & elle s'est maintenue à ce dégré à la Cour, ainsi que les robes à queues très-longues & resserrées par des cordons au bas du corps. A l'exception des grandes cérémonies, l'habit des Hommes est le même à la Cour & à la Ville, à quelques nuances près dans l'affectation des modes.

Céphise paroît entierement occupée des grandeurs : mais il ne faut pas s'y tromper, ce n'est point une illusion qui remplit son ame. Tout s'éclipse auprès de la majesté réunie aux graces. Céphise est occupée du bonheur dont elle va jouir. Ç'en est un de rendre un tribut de respect & d'admiration, quand il est offert aux vertus, & quand l'affabilité le reçoit.

www.ingramcontent.com/pod-product-compliance
Lightning Source LLC
Chambersburg PA
CBHW060047090726

47597CB00012B/3186